U0116059

語文教學
新智能

陳麗雲　著

推薦序一

在語文的原野放風箏，
在寫作的心田挖金礦

　　語文教學是語文美感的興發，生命境界的涵養。在語文的原野上，教師需要「才、學、識」的會通，更需要「有想法、有方法、有辦法」的感性與知性，才能讓莘莘學子扶搖直上，以文字為彩筆、為音樂、為蒙太奇，在「認知」的視野上，更開闊更高遠；在「技能」的揮灑上，更流暢更精準；在「情意」的領略上，更加細膩更為深刻。如此一來，語文教學可以說是「志於文化，據於生活，依於創造性，游於藝術性」的全幅開展，每一位以語文為志業的教師，自有其不同的熱情引導與具體實踐。

　　陳麗雲《語文教學新智能》一書，聚焦於國小語文智能中「修辭方面的能力」、「解釋方面的能力」、「反思方面的能力」（加德納《多元智能》），掌握認知「知識（記憶）、理解、應用、分析、評鑑、綜合創造」（布盧姆《教育目標分類學》）的向度，形塑其定向疊景的「悅耳、悅心、悅志」的語文林園。書中第一輯「點的撞擊」，注重「方法」、「辦法」的實際引導；第二輯「線的延伸」，揭示現今的教學理念與可行之道。第三輯「面的開拓」，立足於「知識」的探索，邁向修辭理論

的「理解」、「應用」、「分析」，屬於學術的知性爬梳；第四輯「綜合運用」是語言藝術與思維認知的具體示範，屬於「創造」的感性顯現。範例中正可看出作者與親子間「文字書寫」的異同，一窺其「身教」、「言教」、「境教」的互動與影響，令人玩味。於此篇末，附上各篇「評鑑」，大抵自「立意取材」、「結構組織」、「遣詞造句」上分別加以指點，剖析特色所在，金針度人，足為觀摩相善的借鏡，並為「教學省思」的對話所在，彌足珍貴。

本書是作者繼《修辭遊戲放大鏡》、《打開寫作新視窗》後，第三本悠遊於「語言藝術之花」與「思維認知之樹」的成果，堪稱在語文的原野上放風箏，自歌自舞自開懷，確實教學相長的充實與喜悅。盼能由此出發，在「點、線、面、立體」的系統上，長期耕耘，深入用力，持續開發語文金礦中的寶藏，進而在語文的天空飆創意，迎風遨翔，自得其樂，當是其志業所在，值得期待。

張春榮

謹誌於臺北教育大學語創系　二〇〇九年一月三日

推薦序二

峰高無坦途，更上一層雲

「偉大也要有人懂！」魯迅說的。

我借用他讚美吳敬梓的話送給陳老師，鼓勵她這本《語文教學新智能》燦燦爛爛的誕生。坦率地說，老夫下手很重，看得懂的人都知道：這是在給她壓力，叮囑她今天要比昨天更好。

第一次認識她是在聯合報大樓，討論聯合報兒童寫作班講義編寫大綱時。她囁囁嚅嚅的自我介紹：「我叫陳麗雲，『麗雲』就是那個很俗的菜市仔名『麗雲』啦！」她願意這麼講，我們不能說錯，每個人都有權利用她引以為傲的方式介紹自己。如果老夫說：「『麗雲』，是附著在雲端之上。不知她驚不驚喜？恐怕她應該找個時間回老家感謝她老父，給她取個這麼詩意的名字。嚴格來說，是要跟爸爸說對不起的。」她更不用大老遠的跑到唐朝，向王維磕破頭借了那麼兩句：「行到水窮處，坐看雲起時」，自鳴得意，逢人就搖頭晃腦，反覆癡吟，然後喜孜孜的偷偷陶醉，把「雲」弄得很聖潔，部落格還要「讓我們看雲去」，這樣做雲，滿累的。可見文字的美，是可以讓世界更美的。很多人靠這樣跟跟蹌蹌地活下去。

也許是潛意識對自己名字的從俗誤解，她總有徹底妝點的移情意識。因緣際會，她一頭栽進「修辭」的江河，師承良師，游出一波又一瀾的美麗浪花。不管是有心栽花還是無心插

柳，偌大的修辭花園，她念茲在茲地要把學問美得像一朵花。如今，書一本一本的付梓，看來她是做到了。天公疼憨人，碰到好老師很重要。

在講究進德修業為基礎的周易，「修辭立其誠」是十分仁義道德的，這種修辭和道德互涉的組合，一直成就在文以載道的框架世界。《禮記·表記》：「情欲信，辭欲巧。」和南朝梁簡文帝的主張：「立身且須謹重，文章且須放蕩。」十分似曾相識，一直到脂硯齋評《紅樓夢》：「做人要老實，做文要狡猾。」不也都是如出一轍？自古以來，修辭都是在為道德服務。這種舊調彈了很久。

現在，修辭學是一門大學問，遠自《文心雕龍》首開系統化的修辭論述後，修辭學成了選擇語言形式以來提高表達效果活動的專門科學，追求文字曼妙的文藝理論家們，一棒接一棒，開闢了修辭學的康莊大道。這些年來，「作文」成為國語文教學的主流價值，真是始料未及，只能說是形勢比人強。第一線的中小學教師在作文啟蒙上，最感吃力的是，從句子的組成架構到提高句子的表達效果，如何讓莘莘學子的寫作能力能日起有功？內行人都心知肚明：「修辭教學」一直是基層教師最需要的祕密武器。我們都知道，修辭是語言運用的藝術，但它並不是脫離思想內容，純粹技巧性的東西，將真實的思想感情表達得更精準更美好更優質，正是修辭教學的最大價值。

陳麗雲《語文教學新智能》是修辭的精品店；第一輯是「點的撞擊」——以教學設計為主；第二輯是「線的延伸」——重在教學理念；第三輯是「面的開拓」——收錄發表在報章雜誌的修辭理論；第四輯是「綜合運用」——是她個人的創作示範。這本書有簡明的理論論述，也有實用的教學實

務，對有志於修辭教學的基層教師是一大福音。在漢光教育基金會「作文點燈計畫」的全省系列巡迴演講中，她展現了修辭專業的精湛演出；在國語日報《小作家月刊》叫好又叫座的「寫作易開罐」專欄內，字字珠璣，精彩絕倫，這些老夫全看在眼裡。

　　我只是個教書匠，由於倚老可以賣老，所以你只要敢嘯傲江湖，就有人敢肅然起敬，她涉世未深，要我給她的大作寫幾個字。我是個繡花枕頭一包草的人，忝為之序，實在坐立難安。「修辭」這個領域，我並不內行，她的恩師前序推荐備矣，句句有代表性，我不敢胡意置喙。「峰高無坦途，更上一層雲」，憑良心講，這是高度肯定，也含有高度期許之意。峰高無坦途，要不緊不慢；更上一層雲，且一步一印。等到跨過高峰，再回首來時路，就絕頂天地寬了。戲謔成習，談笑無忌，能原諒我，請盡量原諒我。老夫除了推許之外，最後很虔敬的送給陳師兩句話，以謝央序之恩：

　　競躋高峰，可以極目八方，要不斷追求超越，
　　登頂能夠讓人傲視自信；
　　仰躺大地，可以悠覽太空，要一逕陶然昇華，
　　隨處能夠讓人優游自得。

　　「懂得自己，才最偉大！」老夫說的。

林明進　謹識於大塊齋
九十八年元月十五日

由文字到文學至文化的感動

　　我懷著無限感恩的美麗心情，讓《語文教學新智能》輕聲說聲「Hello」，和世界見面打招呼！

　　我一直鍾愛語文，尤其是中文，總覺得它是世界上最美的文字密碼。在語文的世界中，我優游自得於文字的海域，我找到寧靜的文學田園，我發現文化的曙光。余光中教授曾說：「國家的文化是一個大圓，圓心無所不在，圓周無跡可尋，而語文就是半徑。」半徑有多大，文化的圓就有多大。換句話說，語文能力有多好，世界就有多遠。身為一個語文基層教師，我深深認為：語文是開啟關鍵能力的鑰匙，是了解文學、傳承文化的資產與工具。透過語文的力量，我們跨足國際，擴展視野，翱遊想像；透過語文的力量，我們穿越時空，與古今對話，與世界接軌。在語文教學上，每一顆種子都會生根萌芽，芽雖然嬌小，卻有突破城牆的力量。然而，小芽若要茁壯成郁郁菁菁的蓊鬱綠蔭，開出繽紛綺麗的花朵，則需陽光雨露的滋潤。在教育的現場中，教師就是陽光，映耀孩子心田的亮點；教師就是雨露，澆灌孩子豐碩的沃土。孩子，是帶著問號進教室的，我總是期許自己能讓他們帶著句號離開，甚至是讚嘆滿足的驚嘆號！在我的思維裡，語文教師是孩子尋覓的陽光，是文化寶藏的傳承者。語文教育要蓬勃燦爛，就需要仰賴

語文教師們揮灑彩筆，分享斑斕的天空。

　　《語文教學新智能》是我近二、三年在語文教學上所耕耘的成績單。第一輯「點的撞擊」是寫作教學設計，大多數也已經發表於國語日報出版社的「小作家月刊」。每一篇教學設計分成二大類：「範文欣賞」與「思路引導」。我認為以閱讀帶入寫作的教學設計，相對而言是比較完整且有系統的。每一篇範文都是我為不同主題絞盡腦汁寫成的，以提供教學的老師或學習的學生參酌；「思路引導」是提供主題寫作的參考與流程，期能開啟讀者類比思考或聯想的展翅。第二輯「線的延伸」是關於語文教學的若干理念，透過在教學現場所遇到的問題，提供一些想法和眾多現場老師討論分享，釐清語文教學的諸多迷思。這些作品大多數也已經陸續發表於國語日報的「語文教育版」，非常感謝林于弘教授的指導與刊載。第三輯「面的開拓」則是偏重學術性的學習，是我在學術研討會或期刊雜誌中公開發表的論文。透過論文程序性的學習，將實務與理論結合落實，也讓我對語文教學的深度與寬度有更開闊的見識。第四輯「綜合運用」，則是所有理論的印證創作，裡面收錄了一些得獎作品：有我個人與雙胞胎兒子的創作，也有學生與友人的優秀作品。透過創作，再返諸寫作教學的理論與歷程，提供些許觀摩與省思的機會。

　　語文是傳情達意的橋樑，我期待語文教學不僅能做到基本功的正確使用，還能達至「語要通，文要工，精亦能新，進之無已；古宜咀，今可嚼，大而有當，師學有功」的臻美境界。當然，這都需要我們所有的人一起努力，讓語文教育不再只是文字教育，而能由文字的點擴展至文學欣賞的線，終至文化面

的薪傳。

　　《語文教學新智能》能成書，我心中實在充滿無限感恩。首先，非常感謝張春榮教授與建中林明進老師為《語文教學新智能》寫序。張春榮教授是我的指導教授，這一路行來，他對我的綿密照顧與呵護，使我重溫當學生的幸福；也因為有他這座穩當厚實的大山讓我倚靠，我才能在蔚藍的天空勇敢放心的飛。林明進老師在幾年前指導我編寫寫作講義，在寫作教學序列的階梯中，給我很多學習的機會，非常感謝他的仗義相助。創作輯中也收錄了明志國中亭均、宛臻的和建中呂暘同學的得獎創作，讓《語文教學新智能》能呈現多元的風貌，一併致謝。當然，更要感謝家人的支持，讓我無後顧之憂，能夠恣意盡情的揮灑，投入我喜愛的語文領域。

　　語文花園是姹紫嫣紅的繽紛絢爛，春天在枝頭上展顏，綻開盈盈笑靨，只要您願意走近，便能聞到花香，便能沐浴在清馨中。我也相信：只要有心就能有收穫；只要願意努力，便能採擷豐美碩果。語文教學有您有我，這廣闊天空，將會充滿熱情的感動。

陳麗雲

2009.01.16

目　　錄

點的撞擊

線的延伸

面的開拓

綜合運用

點的撞擊

人物的寫法

日常生活中我們會遇到許多人，每個人都不太一樣。世界上既然沒有兩片完全相同的樹葉，也就沒有兩個完全相同的人。要描寫一個人時，你知道可以從哪些方面去描寫，讓他能活靈活現的呈現在大家面前嗎？

下面的這個組織圖是一個能提供你構思的簡單例子。

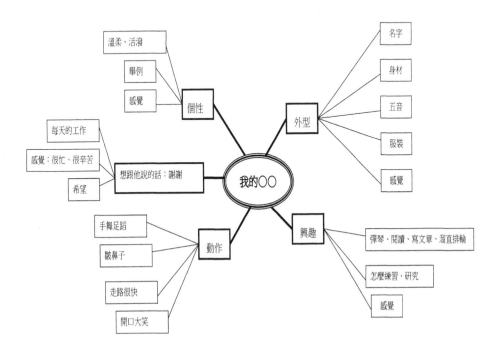

　　現在，請你先選定一個主角人物，仿造上面的結構圖，畫出你的構思。

我的（　　　　　　）

微笑的晴陽

　　眼睛水汪汪的，像一湖清澈的泓泉；嘴角總是掛著一朵美麗的笑容，像天空中燦爛的晴陽。她留了一頭鬈髮，走起路來像是在跳舞，很優雅。她是我的老師，也是我的偶像，更是語文專家──雲方老師！

　　老師上課的時候，教室裡總是洋溢著歡笑聲。老師常常會講故事給我們聽，她的語調和聲音都很有魔力，好像在表演或演說一樣。我們的目光都被她奪走了，心情跟著她的聲音高低起伏，一會兒緊張，一會兒激動，一會兒害怕，一會兒興奮……。老師，是我們學習的主宰，是智慧的寶典。

　　可是，當老師生氣時，天氣頓時從蔚藍的晴天轉成了狂風暴雨。老師銳利的眼神一掃過來，就像機關槍巡視一樣，我們的心就懸得高高的，進入備戰狀態，深怕一個不小心踩到地雷。那時，老師的表情不再綻開笑靨，而是滿臉嚴肅，像個八股的老學士。她會再三叮嚀告訴我們哪裡該注意，哪裡應該改進，哪裡……。老師的諄諄教誨，是希望我們能更上層樓，她常說她是我們在學校裡的媽媽，一切的要求都是希望我們日新又新。其實，我覺得老師像我們生命中的太陽，用她的光和熱來溫暖我們這群小幼苗，我們應該要多體諒老師的用心良苦。

　　老師寫得一手好文章，也常常教導我們寫作的技巧。她常說：「寫作是一件幸福的事情，中文是世上最美麗的文字與表達感情最美的符號，我們應該用文字來記錄生命的美和感動，彩繪斑斕的生命世界，讓人生不留白。」我真的很感謝老師，

讓我們感受到文字的美麗和精采。

　　老師一直很忙，像個陀螺轉個不停。然而，她對我們的照顧與呵護卻從不打折。老師喜愛閱讀，也帶著我們與她共同徜徉在書香世界，我和書成了感情甚篤的好朋友，都要感謝老師這個大媒人呢！

　　老師，期待我能像您一樣，做一個生命的勇士，像晴空中的太陽一樣，以笑容和溫馨擁抱全世界。

思路引導

　　生活中，我們遇到最多的就是人了。如果所有人都是「大大的眼睛」、「圓圓的臉」、「不高也不矮，不胖也不瘦」……似乎全世界的人都長得差不多了。每個人都是獨立的個體，不管是外型或動作都會有自己的招牌特色，這是描寫人物必須掌握的重點。在描寫人物的時候，要善用細膩的觀察和使用不同的詞語，將人物的特色顯現出來。讓眼睛就像照相機或攝影機一樣，讓人物唯妙唯肖的出現在眼前。

（一）他的相貌：（　　　　　　　　　）

　　我們認識新朋友、和人接觸的時候，首先注意的，就是他的相貌，讓我們下次再見到他們時，可以馬上記起來。例如：

> 小諺又矮又瘦，發育不良；小茹則是又高又壯，可惜體重過重。
>
> 爸爸服服貼貼的西裝頭，活像顆西瓜；哥哥尖尖刺刺的刺蝟頭，活像顆鳳梨。

　　像這樣的描寫，是不是很快可以表現出這些人物不同的風格呢！

　　其實，一個人外在的言行舉止，正反映他內在的思想。所以，當我們對人物進行外在的描寫時，同時也正是對他內部心理活動的刻畫。要抓住每個人的特徵，可以先學會「畫眼睛」。也就是說把重點集中在眼睛的刻畫上。因為眼睛是靈魂之窗，它其實是會說話的，例如：

　　　　小雲的眼珠骨碌碌一轉，天上的星星都相對遜色了。

可以看出小雲這個人一定是靈動敏捷的。又例如：

　　　　四歲的表弟白裡透紅的小臉蛋上，嵌著一雙忽閃忽閃的大眼睛，像白水銀裡養著兩丸黑水銀，透著一股機靈勁兒。

　　這樣的描寫，大家就可以想像表弟那多麼惹人喜愛的模樣！

　　現在，請你選定一個人物主角，仔細看一下他外貌的特徵。他的身材是虎背熊腰，還是弱不禁風？他是濃眉大眼，還是眉清目秀？他是剪著一頭俐落的短髮，還是蓄著古典的長髮？他是櫻桃小嘴，還是血盆大口……

（二）他說話的神態：（　　　　　　　　　　　　）

　　生活中，我們都需要說話，和人談話是對話，一個人自己

說話是獨白。不管對話或是獨白，我們都可以透過說話的神態來塑造人物生動的形象，讓不同人物之間的差異顯現出來。

　　但是，要特別注意一點：平常我們在做一件事情時可能會說許多話，在寫文章時，應該要選擇能表現重點的語言來寫，其他的要略去，才不會顯得雜亂。例如：

　　　　我小方文武全才，品學兼優，更是運動場上的健將，得過不少獎項。小王他有什麼能耐，只靠一張嘴巴結奉承，甜言蜜語，反而當選模範生了。我真不服氣呀！。

　　從這段文字可以看出小方這個人物充滿自信、直爽的性格。把人物對自己的心情和個性毫不掩飾，完全顯現出來。又例如：

　　　　如果學生一直彈錯音符，李老師不但生氣得破口大罵，還拿起琴架上的筆，猛敲學生的指頭，威脅著他如果再彈錯，就要趕他出去；王老師對待學生卻是耐心十足，不但溫言軟語的安慰學生慢慢來，甚至一再示範正確彈法，上他的課，如沐春風。

　　透過說話時神態的描寫，我們是不是清楚看見了性情急躁的李老師和性情溫和的王老師是多麼的不同？所以描寫人物時，可以從他說話的口氣、行為的表現，去刻畫他的性情。

（三）他的動作：（　　　　　　　　　　　　　　　　）

　　有人高興的時候會手舞足蹈，大呼小叫；有人卻是把歡笑掩藏在內心，不輕易表露出來。有人說話比手劃腳，口沫橫飛，走路的聲音震天響，人未到，聲音可先到了；有人卻是秀氣細緻，慢條斯理的。透過動作可以了解一個人的性格，將人物生動活潑地凸顯出來。

　　怎樣才能把一個人的動作寫好呢？首先就是要符合他的身分，不能把人物戴錯「帽子」，把內向的人說成好動；把活潑的人說成安靜的人。其次，還要仔細觀察這個人做事情的過程，把其中引人注目的動作寫下來。最後，還要選擇適合人物性格的動詞，才能讓人物「活」起來。例如：

> 　　我的妹妹今年一歲，她很活潑，也很可愛。每次，人家問她眼睛在哪裡，她就把眼睛瞇得很小；問她鼻子在哪裡，她就把鼻子皺一皺；問她嘴巴在哪裡，她就把舌頭伸出來，非常好笑！

　　像這樣用動詞「瞇」、「皺」、「伸」，就把妹妹天真無邪的樣子表露無遺，讓讀者感受到妹妹活潑可愛的樣貌。

（四）他的興趣：（　　　　　　　　　　）

　　每一個人的興趣都不一樣。有人喜歡駐足在陽光下，揮汗打球，享受淋漓暢快的感覺；有人喜歡溜直排輪，跟風競速，享受追風的樂趣；有人喜歡徜徉在音樂的國度裡，讓流洩的音符繚繞在耳邊；有人喜歡靜靜的閱讀，透過文字和古今人士交會……。興趣不同，每個人表現出來的行為便會迥異。想一

想，你描寫的主角興趣是什麼？他是如何培養出這個興趣的呢？他為這個興趣如何付出呢？

（五）我感覺他：（　　　　　　　）

文章要寫得好，一定要有情感。你描寫的這個主角跟你是什麼關係？你對他的感覺是什麼？既然你選定他當你文章的主角，一定有特別的情感在裡面。你是喜歡他？敬愛他？還是討厭他？或是對他感到害怕？將你對他的感覺說出來，這是文章中很重要的部分。想一想：你跟他是否曾經歷過特別的事件或故事呢？將你對他的想法寫出來，這才是讓文章有生命的地方。

表情藏寶盒

形容人物外貌的詞語：

1. 臉

　　例如：白淨、紅潤、蒼白、古銅面、蘋果臉、面容豐腴、滿臉橫肉、皺紋縱橫

2. 眼睛

　　例如：鳳眼、水汪汪、圓溜溜、清澈明亮、眼若流星、眸清似水、碧眼盈波

3. 眉毛

　　例如：濃黑、粗長、微翹、秀眉、修長、粗黑、柳葉眉、愁眉不展、眉清目秀

4. 鼻子

　　例如：小巧、秀美、塌鼻子、細巧挺秀、鼻樑挺直、鼻孔

朝天、鼻青臉腫

5. 嘴巴

例如：紅唇、乾裂、鮮嫩、櫻桃小嘴、血盆大口、稜角分
明、唇焦口燥

6. 頭髮

例如：蓬鬆、鬈髮、瀏海、辮子、整齊、披肩髮、白髮斑
斑、烏黑油亮

7. 體型

例如：苗條、豐腴、強壯、臃腫、虎背熊腰、弱不禁風、
體壯如牛、枯瘦身材

8. 神態

例如：激動、冷淡、憤怒、樂呵呵、笑咪咪、滿面春風、
愁眉苦臉

9. 動作

例如：敏捷、遲鈍、駝背、盤腿、倒立、直挺挺、鬼鬼祟
祟

自我評估檢核表：

做到的打「∨」

	我知道人物的寫法。
	我學會描寫表情的詞語。

如何敘事

組織圖：

人物	林奶奶、我
時間	上、下學時
地點	街道
事情開始	每天看見她在掃地、撿拾資源垃圾
事情經過	幫她把手拉車推回去，才知道她並不是清道夫，也不是靠撿拾資源回收過活的老奶奶，而是一個生活無虞的人。
事情結果	感受林奶奶為美麗的環境做出的奉獻，願自己也能發揮「小小的手，大大的愛」，在日常生活中付諸實行。

範文欣賞

小小的手，大大的愛

　　每天清晨，在上學的途中，我總會看見一個瘦弱的身影，拿著掃把和垃圾袋，默默的為街道的整潔努力著；每天傍晚，在放學回家的時候，我也總會看見這一個熟悉的身影，拉著一輛手推車，沿路撿拾紙箱和瓶瓶罐罐，靜靜的為市容的乾淨奉獻著。

　　我曾仔細的觀察過她：她有著一頭簡單俐落的短髮，頭髮茂密卻有點斑白。黝黑的臉上，爬上了一些頑皮的皺紋，小小

的鼻子上戴了一付黑框眼鏡。讓我印象深刻的，是她總是笑口常開，衣衫整潔，給人一種親切感。她看見我或上學的孩子們，總是抬起頭，笑咪咪的跟我們揮手、點頭打招呼。一開始，我不太習慣，不敢跟陌生人說話。然而，我每天上、下學都會看見她，日子一久，感覺越來越熟悉，彷彿她就是這條街道的守護神一樣。所以，每天跟她問好寒暄，變成了我的例行公事！

這一天放學時，我又看見她了。她拉著滿載紙箱和瓶瓶罐罐的手推車，車身搖搖晃晃的很危險，我趕快跑過去幫忙扶著。她慈祥的跟我道謝，告訴我可以叫她「林奶奶」。我和林奶奶二人邊聊天邊沿路推著車，將車子推回林奶奶家中。本來，我心裡一直以為她是個清道夫，或是靠撿拾資源回收過生活的可憐老太太，不論颱風下雨都要出來工作，覺得她很辛苦、很可憐！一到她家門口，我才發現她是住在別墅中的有錢人家，才知道她還曾經是一位大公司的負責人呢！她請我到客廳裡去坐，我看著林奶奶溫馨豪華的房子，忍不住好奇的問林奶奶：既然家中不缺錢，為什麼她還要那麼辛苦，每天去清潔街道、撿拾資源垃圾呢？

林奶奶告訴我：「我們每一個人在這個社會上，就像一顆顆的小螺絲釘。雖然是這麼的渺小，但是，只要每一個人伸出自己小小的手，就能發揮大大的愛。我所做的，只不過是為這個環境盡一點力，是希望讓我們的生活更美好！」她看見我驚訝的表情，摸摸我的頭，接著說：「我們每一個人所做的，都是大海中的一小滴，別小看這一小滴的水，每一小滴的水累積起來，會讓大海更壯闊更美麗。」

　　我這才知道，林奶奶每天清潔街道，是希望讓社區更潔淨美麗；她去撿拾資源垃圾，並不是為了錢，而是為了愛護環境，讓綠色的地球能永續，讓我們的生活能更美好。她不但常掏腰包贊助各慈善單位，更身體力行，將愛護環境、保護地球的口號付諸實行。原來，她所做的一切奉獻，我們都是最幸福的受惠者。我在心底悄悄告訴自己，從現在起，我也要像林奶奶一樣，為乾淨的生活和美麗的環境，盡一點小小的心力。

　　看著林奶奶臉上綻放的笑容，就像是空氣裡的一股清風，好溫暖、好舒服，我覺得她的笑容是世界上最美麗的一朵花。

思路引導

　　小朋友，你知道在敘述一件事情時，要怎麼樣才能讓事件鮮明有條理，讓人很快就清楚明白事情的始末嗎？

　　我們的生活中總是會遇到許多事情，有的事情會讓你開心雀躍，有的事情會讓你憤怒煩惱，有的事情會讓你沮喪難受。但也就是因為這些事，讓我們的生活充滿了各種挑戰；而這些事情，也是讓我們的生活能如此多采多姿的主要元素。

　　不管你是要敘述什麼事情，原則上大概都會包括這六個要素：

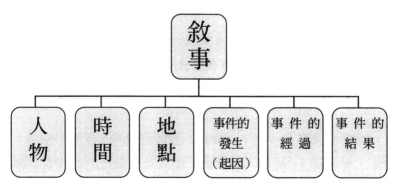

敘事的方式

　　文章要有波瀾起伏，敘述要條理分明，才能寫得清新動人，讀者才會想看。如果都是平鋪直敘，含糊敘述，那就會讓人丈二金剛摸不著頭，令人昏昏欲睡了。在敘述一件事情時，通常有二種比較常用的方式：

（一）以時間先後發生的順序為主

　　任何事情發生時都會在一定的時間內，按照時間的推移來敘述事情，「時間」成為敘述的主軸，這樣的敘事方式，可以讓事情的來龍去脈一目了然。以時間為主軸敘述的方式，還可以分成下列幾種：

1. 順敘法

　　以事情發生的時候為起始點，按照人物的經歷或事情發生的先後次序來敘述。順敘法能讓事情說起來條理清楚，脈絡分明。例如：

　　<u>早上</u>，我騎著單車沿著河岸旅行，一路上看到青翠綠意伴著淡水河靜靜流淌，很有詩意；<u>中午</u>，我來到淡水河出口，豔陽在河面上折射出萬道金光，氣勢磅礡；<u>傍晚</u>，我踩著夕陽餘暉，在紅光的映照下，回到溫暖的家。

　　像這樣由早上→中午→傍晚，按照時間的先後順序敘述，就是「順敘法」。使用「順敘法」要注意，敘述的時候要選擇

重要的材料來詳寫。也就是具有代表性的情節才仔細說明，其他旁枝末節，可以省略或不寫，才不會變成記流水帳了。

2. 倒敘法

　　將事情的結局或某個突出的、精采的情節放在前面，然後再按照事情發生的順序來說明。也可以是先寫眼前的事物或當前的情況，然後因為這個事件（人物）引起回憶，追述往事。例如：

　　我看見書桌前那張泛黃的照片，笑意的嘴角不禁上揚。撫摸著這張照片，我彷彿回到五年前的夏日，那段和爺爺、奶奶在鄉下共度美好暑假時光的畫面，又清晰浮現。五年前，我……

　　像這樣，將現在的情形說一下，然後再回到五年前（以前）發生事情的時間敘述經過，這便是「倒敘法」。「倒敘法」的優點是文章的結構富於變化；而且，把結局先提到前面，會使人產生好奇，增加文章的吸引力。

3. 插敘

　　是指在順敘的過程中暫時停頓，插入一段和事件有關的片段敘述或說明。插入的敘述結束後，再繼續接著前面的敘述。它的好處是豐富了文章的內容，讓敘述中的事件或人物能更深刻。

4. 補敘

　　是指針對正在敘述的事情，提出補充或說明。它的目的是使表達更完整、更清楚，讓事件或人物產生更積極的作用。

（二）以事情的發展為主

敘述一件事情時，必須以「事件」為線索來貫穿全文，所以，這件事情本身發生的原因、經過、結果就是文章的重點。這樣，就能突出事情的整個詳細過程和意義。

原因：將事情的起因交代清楚，使人了解來龍去脈。事情的原因通常是文章的起點，當然，也有在其他地方才交代的。然而，要注意的是，因為原因不是事情的主體，所以，簡單明白提一下就可以了。

經過：這是事情發展和變化的過程，所以，它是文章最重要的主體部分，也是直接表達中心思想的地方。所以，事情的經過是要需要仔細描寫的。為了讓過程生動，不是平鋪直敘，而且讓讀者人人看得懂。這時要注意連接詞。例如，我們在敘述事情時，要層次井然，可以這麼說：「首先……；接著……；後來……」，不要一直說：「……然後……；然後……；然後……」另外，事情是否有什麼曲折變化？怎會這樣？有什麼特別之處？都可以在「經過」中加以描繪。

結果：事情一定要有結果，讓讀者知道事情的結局是怎麼結束的，這樣的敘述才算完整。當然，可以配合時間的敘述來結尾。若是「順敘法」，結果可以在最後才說出來；若是以「倒敘法」的方式，那麼就可以在文章一開頭就直接點出。特別注意的是，簡明扼要的寫出來就好了，千萬不要畫蛇添足，變成尾大不掉喔！

最後，還要提醒聰明的小朋友一點，敘述事情，除了要把事情敘述得清楚完整之外，更要把事情的「意義」寫出來。因

為做任何一件事情，無論是成功還是失敗，都是有意義的，如果把它寫出來，讀者看了就會覺得興味淋漓，你的敘事才是最成功的。

自我評估檢核表：

做到的打「∨」

	我知道敘事的六個要素。
	我學會以時間的先後順序來敘述事情。
	我學會以事情的發展來敘述事情。
	我知道敘述這件事情的意義。

遊記的寫法

炎炎夏日何處去？走進山，走入水；奔向藍天，奔向綠海，享受清涼的洗禮，是夏天最棒的享受了。走吧！讓咱們走出戶外，迎向大自然的呼喚，來一趟快樂的旅程吧！

4	3	2
5	（　　） 遊記	1
6	7	8

※請依人、事、時、地、物、視、聽、嗅、味、觸、感等方向思考，並加形容詞。

整齊一致的豆腐岩 深長的海蝕溝 （物）	挺拔的美麗海角 鼻頭角 （地）	炎熱漫長的暑假 （時）
可愛有趣的蕈狀岩 奇妙的生痕化石（視）	壯麗的海角 鼻頭角遊記（事）	親愛的家人（人） 可愛的阿姨一家人
波濤洶湧的海濤聲 歡樂的笑聲 唧唧的蟬聲（聽）	屬於海水特有的鹹味 （嗅）（味）	清澈冰涼的海水（觸） 美不勝收的海景 幸福的旅遊（感）

※請依人、事、時、地、物、視、聽、嗅、味、觸、感等方向
思考，並加形容詞。

範文欣賞

壯麗的海角～鼻頭角遊記

熱情的太陽穿著鐵甲金戈，一步步在空中邁步，使勁的放送他金黃的威力。我們和從南部北上度假的阿姨一家人，往東北角海岸尋幽訪勝，打算拜訪最壯麗的海角——鼻頭角。

車子方駛出大樓林立的都市叢林，視野海闊天空，我疼痛好幾天的頭彷彿也神奇的治癒了。車子在濱海公路上盡情的呼嘯奔跑著，我聞到了一股屬於海洋的特別鹹味。一望無際的平坦沙灘，還有曲曲折折的岩石海岸跳入我的眼簾。遠方那高聳綿延的山崖直逼洶湧大海，像極了一艘迎風破浪的雄偉軍艦。媽媽說：「前方那向外突出的岬角，不偏不倚躺在海中的，就是我們的目的地——鼻頭角。」

鼻頭角公園的步道，一邊是山，一邊是海，果真是名副其

實的「山海關」。每一座山頭都彷彿是一幅畫，步道隨著山的
稜線起起伏伏，宛若一條萬里長城。我們置身於風景裡面，一
路享受蟬聲唧唧的伴奏，看著步道南側澎湃的浪濤拍打著礁
石，碎裂成燦爛的朵朵浪花，有種壯烈的美；步道北側卻是風
平浪靜，溫柔的海水只藍給自己看，有種古典的美。我很訝異
的發現，同樣面向太平洋，二側海景卻是如此不同。小表弟卻
突然冒出一句：「一樣米養百樣人。」讓我們全笑彎了腰。歡
樂的笑聲和著洶湧的浪濤，還真是一首美妙的樂曲呢！

　　美麗的鼻頭角是大自然的戶外教室。我最喜歡在深長的海
蝕溝和整齊一致的豆腐岩中尋找驚奇。堅硬的岩石碰上柔軟的
水，終究抵擋不住海浪的侵襲，節理崩裂，形成令人讚嘆的海
蝕景觀。海蝕平臺上可愛有趣的蕈狀岩，就像一大片「蘑菇
園」，頑皮的聚在海邊遊戲捉迷藏。突然，我的目光被石頭上
布滿了奇怪的符號所吸引，石頭上怎會有這些印記呢？有些像
四通八達的水管，有些像彎彎曲曲的粗繩。小表弟告訴我，這
些地層裡的奇怪圖形可不是外星人的傑作喔！這些堅硬的生痕
化石可都是記錄著海洋生物曾經活動過的遺跡呢！我們睜大雙
眼看著小表弟，原來年紀最小的他，懂的學問可真不少呢！

　　面對遼闊汪洋，享受海風徐徐的清涼，暑氣頓時全消。彩
霞慷慨的將大碗大碗的燦爛絢麗潑向潔白的天空，我們站在白
色的鼻頭角燈塔旁，俯瞰平靜的海面。我心裡湧起一股感動，
牽起爸爸媽媽的手，太陽，在我們的臉上笑開了。

思路引導

　　小朋友，放暑假了，你有什麼計畫呢？和家人去旅遊是一
件很幸福的事情喔！能走向美麗的山水，能擁抱大自然，能感

受濃濃的親情，光想就很幸福呢！

　　旅遊前，要先做好功課喔！要先收集資料，對這個地方有點兒認識，這樣玩起來才會更有趣味呢！想一想，你希望去哪兒玩呢？它的地理位置在哪裡？景點的特色是什麼？有沒有什麼需要事先準備的用具呢？

我想去（　　　　　　　），它位於（　　　　　　），它的特色是（　　　　　　　　　　）。

　　遊記是以寫景為主的記敘文，就是出去玩之後，留下的一份文字紀錄。遊記的主角就是「風景」和「人」，是記錄「人」在這一段「風景」中旅行的過程。所以，寫遊記必須要點明空間和時間。在旅遊的過程中，靈魂之窗——眼睛和心靈雷達——耳朵可是很重要的，要仔細觀察景物，將它裝入腦海中。當然，最重要的是心靈的感受，要敞開心胸去愛風景，風景才能將它最美麗的一面顯露出來。

　　寫遊記時，要繞著我們的發現和感覺來寫，這樣寫出來的文章才會真實。在下筆前，我們會想到很多材料，但是不能每一樣都寫進去，否則文章會過於瑣碎，而且沒有重點，變成「流水帳」了。我們必須選擇想表達什麼重點，把看到的景物印象深刻的詳細寫下來（詳寫），其餘的簡單帶過就好（略寫）。

　　那麼，要寫哪些材料呢？取捨的標準就是以你的喜愛為主，因為你才是文章的主人呀！例如：出發的時間和經過的地方簡單略寫就好；把最顯眼、印象最深的景物深入詳寫。描寫它們的位置、大小、形狀、色彩、輪廓、動態和靜態等特點，讓它們具體而突出。當然，要加入自己的感情，你對這些景物

的感覺是什麼，將它寫出來。讓沒去過的人也彷彿身歷其境，這樣，才是一篇成功的遊記。

我詳寫的內容是：（　　　　　　　　　　　　　　　）

我的感覺（　　　　　　　　　　　　　　　　　　）

　　描寫景物時，還可以發揮想像力，展開聯想的翅膀，豐富遊記內容，把描寫的景物加上形容詞，結合比喻和摹寫的技巧，讓如詩如畫的美景表現出來，創造出令人陶醉的意境。

　　形容詞可以讓原來平淡的語句，表達得更加生動活潑。美麗的世界由於人事物的形狀、聲音顏色、性質或動作等等的不同而千變萬化，所以，將敘述的對象加上形容詞，會使句子更有魔力。例如：

> 毛毛蟲變成蝴蝶。→醜陋的毛毛蟲變成美麗的蝴蝶。
> 夜空中有一顆星星。→璀璨的夜空中有一顆明亮的星星。
> 　　　　　　　　　→灰濛濛的夜空中有一顆光線微弱的星星。

　　小朋友，比較一下，有沒有發現，沒有運用形容詞的句子，無法生動的表達真實的情況。當我們運用形容詞時，句子就變得更加傳神，充滿了魔力唷！

為景物加上形容詞：

遠望是一列山峰。→（　　　　　　　　　　　　　）

我搭上雲霄飛車。→（　　　　　　　　　　　　　）

哇！前方就是海了。→（　　　　　　　　　　　　）

　　寫遊記可以按照時間的順序寫，走到哪裡寫到哪裡，而且

不同的時間，看到的景物會有不同的特點。另外，也可以按照空間的順序寫，先看到什麼（遠方或近處），接著看到什麼（定點或移動），再看到什麼（全景或特寫）。不管按照哪個方式寫，一定要有次序有條理，才不會雜亂。當然，我們可以利用相機將美麗的風景帶回來，不僅留下美麗的回憶，還可以在寫遊記時，幫助我們回味那次難忘的旅遊呢！

我要先寫（　　　　　　），再寫（　　　　　　），最後寫（　　　　　　）。

遊記成語大補帖

1. 山明水秀：形容風景的優美秀麗。
2. 山光水色：天氣晴朗時的山水優美景色。
3. 綠草如茵：地上綠草平鋪，像一條毯子一樣。
4. 青山綠水：青綠色的河流、山脈。形容風景的秀麗。
5. 高下相間：高低不齊，互相摻雜。
6. 千巖萬壑：形容高山與溪谷的起伏重疊。
7. 別有天地：形容風景秀麗，引人入勝。
8. 世外桃源：比喻風景優美而人跡罕至的地方。
9. 人間仙境：形容景色優美，有如仙界一般。

【寫景物常用的成語】：

一望無垠、千山萬水、不毛之地、
月明星稀、日麗風和、火傘高張、
白浪滔天、阡陌縱橫、羊腸小徑、
怒濤洶湧、風平浪靜、龍蟠虎踞、

背山面水、康莊大道、崎嶇不平、
崇山峻嶺、碧海青天、蔚為奇觀。

自我評估檢核表：

做到的打「∨」

	我學會詳寫、略寫。
	我會運用形容詞。
	我認識遊記的寫法。
	我學會描寫景物的成語。

如何狀物（一）：動物篇

❋❋❋

範文欣賞

雪花與我

我家的寶貝寵物貓咪——雪花，穿著一身白皚皚的衣裳，像一團柔軟的棉絮。牠那溫柔典雅的模樣，像個柔順的小淑女，擄獲了許多人的心，叫人看了不疼牠也難。

雪花是我和媽媽在街上發現被棄養的小貓咪。那天，我和媽媽經過騎樓時，突然聽到牠發出了微弱的哀鳴，一聲一聲的嗚咽啜泣著，似乎正娓娓的控訴著主人不該遺棄牠。我循聲在一個小紙箱裡找到牠時，可憐的牠瑟縮成一團，水汪汪的眼睛看著我，彷彿訴說著自己的悲哀與委屈。我輕輕的捧起牠，牠屏弱的身軀不停的發著抖，我立刻將牠抱在懷裡帶回家，希望以溫暖驅走牠的恐懼和不安。

雪花圓滾滾的眼睛總是烏黑發亮，紅紅的小嘴，雪白的牙齒，像是在對著人笑，模樣非常可愛。牠圓圓的頭像一顆球，身體的軀幹比較長，耳朵略微短小，嘴上長著又濃又長的鬍鬚。媽媽聽朋友說不能隨便將貓的鬍鬚剪掉，否則，牠就黔驢技窮，很難抓到老鼠了。爸爸將信將疑，猜測的說或許這些鬍鬚可能具有神秘的奇幻功能呢！我聽了哈哈大笑，雪花根本就

不會抓老鼠，而且，我們家裡也沒有老鼠可以讓雪花抓呀！爸爸媽媽真是迷信呀！

雪花的眼睛非常奇特，會隨光線的強弱而縮小放大，甚至變化顏色和形狀。早晨和晚上，雪花的瞳孔是圓的；中午的時候，在陽光的照耀下，瞳孔收成一條線，眼睛瞇成了一條縫。有時，我真想替雪花買個太陽眼鏡呢！

雪花的腳掌有著肉質的墊，走起路來靜悄悄的，沒有一點聲音，神出鬼沒，常常會令我嚇一跳。在我寫功課的時候，牠有時會跳上桌子來，在我的作業簿上踩下幾個小梅花腳印，要我陪牠玩。我最喜歡跟牠玩捉迷藏的遊戲，我手裡拿著牠最喜歡的餅乾誘惑牠，牠就會立即飛奔過來，像個獵捕健將，也像個跳躍高手。我喜歡看牠吃得津津有味的樣子，感覺很滿足很幸福！聰明的雪花很貼心很撒嬌，耳朵也非常靈敏，只要我輕輕喚牠，牠會立刻走過來，在我身上又鑽又舔的，像個天真的小孩子。牠會用身體磨蹭我的腳，把脖子伸出來要求我幫牠抓癢按摩。媽媽說雪花喜歡膩在人家懷裡一定是跟我學的，我們兩個可真是「天生一對寶」呢！

雪花是我的好朋友，是我們的家人，有牠的陪伴，我們家充滿了歡笑聲。雪花，有你真好！

思路引導

外形（大小、形狀、顏色）

動態（聲音、動作）

特徵

牠的來源或背景

我感覺……

習性

牠像……

我和牠的互動

　　生活中我們會看見許多的花草樹木、鳥獸蟲魚，或是各種無生命的靜物，例如玩具、用具等等物品，將它們做一個有順序的介紹，有重點的描寫，這就是「狀物」。

　　一般所謂的「物」大概可以分成三類：一類是動物，例如馬、牛、羊、狗、貓、青蛙等；一類是植物，例如花、草、樹、稻穗等；還有一類是靜物，例如書、畫、卡片、文具、小鬧鐘等等。

　　今天，我們要來介紹描寫動物的方式。

描繪動物的外形

當我們要描繪動物時，首先可以先介紹牠的外形，包括牠的形體、大小、外貌、色澤、聲音、特徵等。描述牠的外形時，可以從整體到局部。例如寫「烏龜」：

小烏龜的身材很嬌小，身長只有五公分左右。牠的背上揹著一個堅硬的盔甲，盔甲上十三塊方形的格子清晰可見，正中間的三塊比較大，而且相當整齊。小烏龜有一雙像綠豆般的眼睛，黑眼珠溜溜轉動著，像雷達般四處觀察週遭的一切。牠的嘴巴……牠的四肢……牠的尾巴……。

像這樣先敘述牠的整體外形，再細膩的描寫牠局部的身體，讓人很容易能認識牠。描繪外形時，最好要具體有順序的描寫，才會讓人有一目了然的感覺。如果沒有順序，就容易使人混亂，無法有個鮮明的印象。例如寫「小貓咪」：

這隻小貓咪有長長的鬍子，渾身上下長著白白的毛，圓圓的眼睛烏黑發亮，彎彎的小尾巴一翹一翹的，紅紅的小嘴，雪白的牙齒，像是在對著人笑。在陽光的照耀下，小貓咪的眼睛瞇成了一條縫，身上閃著銀光。

這段小貓咪的描述，視覺的文字描寫得很好，但是寫作的順序混亂了，反而破壞了文章的美感。他的寫法是：貓的鬍子→身上的毛→眼睛→尾巴→嘴巴和牙齒→瞇瞇眼。短短的一段

話寫得沒有順序和條理，給人顛三倒四的感覺。如果可以按照頭（眼睛、嘴巴和牙齒、鬍子）→身體→尾巴這樣的順序來描寫，那麼表達就不會混亂失序了。

　　小朋友，試試看，請你拿起筆將上面那段「小花貓」有順序的介紹出來喔！

這隻小貓咪……

抓住動物與眾不同的特徵與習性

　　寫作文章時，要描繪一種動物，就一定要寫出這種動物獨特的習性來。所謂習性，就是每一種動物不同的特性。例如：天真可愛的熊貓、靈巧矯健的松鼠、活潑調皮的猴子、合作無間的螞蟻、勤勞工作的蜜蜂……。所以，要寫出動物的習性，就要掌握動物的特點，也就是將這一種動物所特有的，而其他動物所沒有的地方寫出來。例如老虎的威猛、黑熊的笨重、烏龜的緩慢等等。描寫動物的習性時，可以從牠喜歡住在什麼地方？喜歡吃什麼？喜歡玩什麼來敘述。想一想，你想要描繪的動物有哪些特點呢？

我描寫的動物是：（　　　　），牠的特點是：（　　　　　　　）

　　一種動物的特點並不是單一的，牠可能擁有許多特點，當然不能全部寫進文章裡去。那麼，到底要寫哪一個方面比較好呢？這時，我們要想一想文章要呈現的主體是什麼？掌握一、二個特點深入描寫，成為文章支撐的主體，突出文章的中心就好。例如寫「梅花鹿」，牠的特點有：斑點多、溫順、警覺、

靈活、敏捷等，在這麼多的特點中，選取其中一個或二個來進行詳細重點的描寫，文章才會生動活潑，有深度喔！

仔細觀察動態和靜態

對於動物，我們不但要靜態的描寫牠的外形，還要特別注意觀察牠動態的神情，了解牠的生活習性。所謂「動態」，就是把你看到、聽到、聞到、感覺到的寫出來。描寫時，可以從動物的動作（怎麼叫、怎麼跑、怎麼飛）或動物的表情（憤怒時的眼神、喜悅時的表情）下筆。例如「烏龜翻身」：

烏龜翻身有牠的特點──牠先是伸出頭頸朝地上一頂，四肢一划，然後硬殼一弓，身子就翻過來了。

描寫動物的習性和特點時，可以發揮想像力，讓動物富有生命力和情感、讓文章更豐富。可以結合「譬喻」或「轉化」的擬人技巧，讓動物更形象、更栩栩如生喔！例如：「這個獅大王，威風凜凜的走著，像個高貴的國王，所有的動物看見牠，都露出害怕的眼神。」是不是比寫「凶猛的獅子」還要更逼真生動一點呢？想一想，你要描寫的動物像什麼呢？

我的動物像（ ）

寫出真實的情感

一篇好的文章，應該是有感情的。我們寫動物並不是僅僅單純的描寫，而是透過對動物的描寫，傳達了我們的情感和想法。所以，描寫動物時，除了將牠可愛之處寫出來外，還要將

自己喜愛或厭惡的情感表達出來。例如，透過文章，我們可能想要傳達愛護動物、珍惜生命、保持生態平衡等各種觀點。所以，我們還要寫出人和動物之間的關係，寫出人和動物間彼此的情感。表達情感的時候，可以用「我想……」、「我感到……」等詞句，抒發自己的內心。

　　小朋友，想一想，你要描寫這一種動物跟你有什麼樣的感情？透過描寫這動物，抒發了你什麼樣的情感？

我感覺（　　　　　　　　　　　　　　　　　　）

成語加油小站

　　有關十二生肖動物的成語：

鼠　膽小如鼠、投鼠忌器

牛　牛頭不對馬嘴、牛刀小試

虎　談虎色變、三人成虎

兔　守株待兔、狡兔三窟

龍　生龍活虎、畫龍點睛

蛇　打草驚蛇、杯弓蛇影

馬　識途老馬、馬到成功

羊　羔羊跪乳、亡羊補牢

猴　尖嘴猴腮、沐猴而冠

雞　雞飛狗跳、殺雞焉用牛刀

自我評估檢核表：

做到的打「∨」

	我會掌握動物的習性和特徵。
	我會描寫動物的動態。
	我融入自己的情感。
	我學會十二生肖動物的成語

如何狀物（二）：靜物和植物

範文欣賞

春天杜鵑

蒔花養卉是我們一家人的最愛，媽媽常笑著說：我們一家人的興趣可真與眾不同，都是喜歡「拈花惹草」呢！尤其是我，花兒簡直是我的精神食糧，更是我的心靈知己，在讀書疲憊之際，看見院子裡花兒溫柔微笑的鼓勵，我的精神頓時煥發了起來！

院子裡這排杜鵑花是我的最愛，那是外婆特地買來送給我的生日禮物。我還記得親手種下花苗的那一天，自己雀躍得宛如成為新生兒母親的那種喜悅與感動。天天，我澆灌著它，呵護著它，就像父母以愛心餵養親愛的寶貝一樣，期望它快快長大。漸漸的，我看著它的枝椏胳臂日益粗壯，看著它含苞的蓓蕾緩緩綻放，看著它嫣紅姹紫的妝點著花園，看著它穿上粉嫩的衣裳，和春風共舞芭蕾，輕盈的展示著自己的美麗。我的心，不禁也跟著春天芭蕾了起來！

院子裡的杜鵑花，大約有五十公分高，枝幹上墨綠的葉片默默守護著花朵。我最喜歡靠在杜鵑花旁，仔細的看著它，跟它聊天說話。杜鵑的花蕊是長條形的，像細絲一樣，非常有

趣。我的杜鵑有紅的、有白的、有紫的，還有一種紅白相間的，非常美麗！杜鵑花開的季節裡，它們像一群美麗的新娘，彷彿事先說好了似的，各自展現不同的嬌美容顏。有的靦腆的才展開兩三片花瓣兒，有的熱情大方的將花瓣兒全展開了，還有許多小蓓蕾，含苞待放，看起來像一群害羞的的小姑娘。院子裡一簇一簇的杜鵑競相奔放，彷彿一堆一堆的火球，飄著一種淡淡的清香。尤其在雨後新晴時，花瓣上沾著無數亮晶晶的水珠，陽光反射下，更顯得無比嬌豔動人。紅胭脂、白雪花般鮮豔的色彩，不僅讓花園燦爛奪目、熱鬧非凡，更讓我想起遠方的外婆，感受到溫暖綿密的疼惜。

我喜歡杜鵑，除了它的名字充滿詩情畫意之外，還因為它擁有著淒美的傳說。聽過「杜鵑啼血滿山紅」或是「杜鵑啼處血成花」的詩嗎？據說杜鵑也是一種鳥，杜鵑花盛開時就是杜鵑鳥哀鳴的季節。「子規魂所變，朵朵染胭脂，血點留香瓣，啼痕漬滿枝。」「子規」就是杜鵑鳥的別稱，淒切的叫聲引發鄉愁，所以杜鵑鳥還有「思歸」、「催歸」的別名；加上杜鵑鳥的舌頭鮮紅又長，啼鳴時如同在滴血一般，這便是「杜鵑啼血」的淒涼緣由。杜鵑淒美的傳說故事，為它增添了一層迷人的神秘色彩，令人更想好好的呵護照顧它。

我愛杜鵑，當杜鵑絢麗展顏怒放時，就是春風漫舞的時節，春的巧手就是藉著杜鵑的美艷姿容，把世界妝點得五彩繽紛，光耀奪目。我靜靜的望著院子裡的杜鵑，期許下次花開的日子，讓美麗的杜鵑再度春天我的花園。

思路引導

寫作小錦囊五步驟：

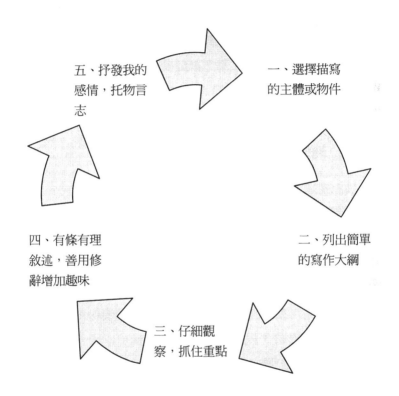

五、抒發我的感情，托物言志

一、選擇描寫的主體或物件

四、有條有理敘述，善用修辭增加趣味

二、列出簡單的寫作大綱

三、仔細觀察，抓住重點

　　上一篇我們學會描繪動物的狀物文章寫法，今天，我們要來學習有關植物或靜物的狀物寫法。

　　一般來說，狀物類的文章，就是透過對所描寫之物的習性和外形的描寫，來表達自己所寄寓的情感。那麼，要如何寫好一篇狀物的文章呢？以下提供妙錦囊的五個步驟讓你輕鬆寫文章：

STEP 1. 選擇描寫的主體或物件：

　　狀物是透過描繪摹寫的技巧，將物品的形態再現出來，讓人在腦海裡浮現出栩栩如生的畫面。所以，選擇你要描寫的物件是第一個重要的步驟。選擇的物件最好是你喜愛的，或是有特別深刻感受的，這樣文章才能詳細深入，你才能更成功的掌握。

動手做：我選擇的物件是（　　　　　　　　　　　）

STEP 2. 列出簡單的寫作大綱：

　　找出想表達的主體後，接下來就要想如何介紹它，使別人能更清楚了解。我們要先設想大家都沒看過它，所以我們要有層次的介紹，才能讓人有清楚熟悉的感覺。那麼，要從哪幾方面來寫這一物件呢？每個物件的大小、形狀、顏色、質料、味道、用途、生長環境都各有不同，我們可以利用一段來介紹它的外形或功用。要特別注意的是：物件外表或功用的描寫，並不需要全部寫出來，只要針對特點來寫就可以了。另外，也可以利用一段來介紹物件的來源和背景；也可以敘述它對你幫助或影響；最後寫出你對它的感情和想法。至於先寫什麼，再寫什麼，沒有固定的模式；但要注意詳略得當，把要突出的重點多詳細描寫，其餘的可以略寫或省略不寫。構思時可以先列出簡單的大綱，再進行書寫。

我的寫作大綱	
第一段	
第二段	
第三段	
第四段	

STEP 3. 仔細觀察，抓住重點：

　　狀物時，我們不僅要觀察它的形狀、大小、顏色、還要了解它的構造、用途等等。所以，觀察是狀物的重點，只有仔細觀察，才能突顯出這個物件的特點，才能抓住它細膩與眾不同的地方，才能看到別人看不到的細微處，栩栩如生的再現物體的形象。許多日常生活中常見的物品，大家已經很熟悉，要能從「平凡之中見新奇」，就需詳細縝密的觀察。觀察時，要注意一些原則：

1. 觀察要有順序性，可以由大而小、由上而下，或是由左而右。

2. 觀察的重點有：顏色、外型、尺寸、味道、生長的環境、象徵的意義、用途、價值、如何獲得、會聯想到的人事物、喜愛的程度、和這個物品特殊的經驗（如遺失、借給別人、一次值得一提的使用經驗）、平常如何使用。

3. 觀察要全面，還要注意細微處。

　　觀察時，把握這三個原則，就會是一篇優秀的狀物文章。例如我們常見常使用的「十元硬幣」，你會如何描寫它呢？

　　我經常使用十元硬幣，它是我的好朋友。十元硬幣是圓形的鎳幣，有正反兩面。一面是政治人物的圖案，一面標明了它的面值。正面政治人物的圖案是蔣介石先生英挺硬朗的肖像，在硬幣正中間的他，頭禿、面帶微笑、身上穿著軍裝。在硬幣上方以標楷體標明了製造年分——中華民國○○○年。反面則是由三個部分構成的：正中間是中文仿宋體美術字「拾圓」兩個大字，國字下方是阿拉伯數字「10」，它們被兩株梅花的圖案包圍著，梅花左右各有一株，每一株有五朵梅花，對稱整齊，構成完整的圖案，造型簡單，清楚有變化，真是有趣極了。

　　請你拿出十元硬幣，仔細觀察它，是否和上一段的描繪一模一樣呢？你也可以試試看，用你的文字將十元硬幣敘述出來。

十元硬幣的描寫：

STEP 4. 有條有理，善用修辭使語言生動有趣味：

　　深入觀察完後，要用文字將它生動活潑的敘述出來。很多物品我們經常使用、時常見到，應該是很熟悉的樣子。可是，一旦要動筆敘述它時，就發現好像有了困難，似乎千言萬語就是不知從何著手。這時，我們的寫作就需要有順序、有條理，不是一看到哪兒就寫到哪兒，這樣會雜亂無章。寫作時，要讓文章增添光彩，就需要善用修辭，使文字「活」了起來。

　　描寫物品要想使它會有靈性，富有生命，可以運用「聯

想」和「想像」的工夫，結合「擬人」的技巧；也可以運用「譬喻」的手法，使沒有生命的物品，變成有生命和情感的東西，讓文字生動有魅力。例如：

　　天空中這小蜜蜂形狀的風箏是金黃色的，二邊是綠色的翅膀。

　　若把這敘述句改成：

　　這個金黃色的風箏，翹著一對綠色的翅膀，好像在百花叢中飛來飛去的「小蜜蜂」，自由自在的在天空遨遊。

　　比較一下，這一句是不是比上一句更生動活潑、更有趣味呢？如果只有簡單的敘述，會使你的文章看起來很平淡；然而，加入豐富的想像，使用修辭恰當的描寫，就會使文章精采得多喔！當然，某些物品有特殊的「象徵」意義，也要正確的善用。例如：松柏的常青象徵堅毅或長壽；梅花的傲霜雪象徵堅忍不拔的精神；竹子的中空有節象徵謙虛與節操……能把握住物品象徵的意義，那麼狀物的文章就會更有說服力。

STEP 5. 抒發我的情感，托物言志：

　　作文是表達情感的方式，所以，狀物文章要將物與人的情感寫出來。物和人們有感情，是因為物品有它的功用，可能是因為我們使用了它，和它發生了某些故事，於是彼此就會產生感情。我們可以透過「感覺」來寫物品，把物品的特質表現出

來。有的狀物文章，不僅是抒發自己的情感，有的還可以說出自己的想法、看法或表達自己的志向、抱負、理念、嚮往等，從這個物得到啟示或對未來有期許，這就是「托物言志」。例如：「落花生」這篇文章，描寫落花生雖然外表不起眼，但它確有很多功能和貢獻。透過落花生說出了一個道理：要做一個有用人，而不是一個外表好看的人。

　　小朋友，想一想，小草和石頭讓你想到什麼？請你利用「托物言志」的方法，透過小草和石頭說出道理來。

植物的象徵意義：

物件	象徵的意思
梅花	堅忍、困境中愈堅強
蓮花	清廉、吉祥、美好、高貴、聖潔、和平與純淨
太陽	光明與永恆熱情、豪放、猛烈的意志
竹子	竹報平安、虛心與清高、高風亮節，步步高昇
鳳梨	好運旺旺來
蘿蔔	好彩頭
蠟燭	光明和希望
春天	開始、希望與喜悅
玫瑰	愛情、愉悅、熱情
百合	思想或是行為的純潔、清白忠實
桂圓	富貴團圓
芹菜	聰明、勤勞

向日葵	太陽、喜悅、生命力、充沛的精力、愛慕、光輝、忠誠
菊花	清靜、高潔、真愛、我愛

自我評估檢核表：

做到的打「 V 」

	我學會狀物的步驟。
	我學會觀察的原則。
	我學會托物言志。
	我學會物件象徵的意義。

讀書心得的寫法

✦ ✻✻✻ ✦

　　小朋友，寫過讀書心得嗎？你害怕寫讀書心得嗎？你知道寫讀書心得要寫哪些重點嗎？你覺得它很難嗎？

　　其實，寫讀書心得是一件很簡單又有趣的事呢！

　　讀書心得的內容，一般可以包含下列幾項：

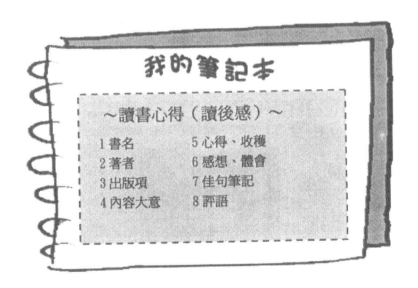

生命之歌讀《潛水鐘與蝴蝶》有感

　　《潛水鐘與蝴蝶》是一本只用左眼眨動所寫出來的書。在這本書中，我看見了一位生命的勇者，在痛苦與絕望的折磨中，以他堅強的意志與創意，高唱出嘹亮澎湃的生命之歌。

　　作者多明尼克・鮑比原本是法國 Elle 雜誌的總編輯，開朗健談，他的生活原本是這麼的幸福快樂。然而，幸運之神不知何時悄悄離開，在他四十四歲的年底，健壯的他突然腦幹中風，全身癱瘓麻痺，成了「準植物人」。他不能言語，不能動彈，全身唯一能和外界溝通的，就只剩下左眼還能眨動而已。這對走在時尚尖端的鮑比是多麼殘忍而痛苦的打擊呀！然而，鮑比並沒有屈服，他靠著別人指字母，指對了他就眨眼睛的方式，一個字母一個字母寫下了這本回憶錄。鮑比以行動告訴世人，雖然他的身體被禁錮在潛水鐘裡，但他努力的舞動自己的人生，他的生命就像蝴蝶一般，能展翅飛向自由蔚藍的天空。

　　《潛水鐘與蝴蝶》這本小小的書，沒有華麗漂亮的語詞，卻是以血淚一個字一個字雕刻鮑比的生命，記錄著他在絕望中，仍然勇敢的用文字唱出高亢的生命之歌。可惜的是，在這本書問世的第二天，他就力氣用盡，離開了人間……。令我印象深刻的是鮑比對生命的詮釋，他曾說：「燈塔，一個勇氣的象徵。它代表了無數大愛和堅韌勇氣，為海上勇者打通明亮，白天雨天無所不在，永永遠遠矗立於那。這就是燈塔的願望與期望。」我覺得鮑比就像燈塔，他堅韌的勇氣與強韌的生命力，宛如一座矗立的巍峨燈塔，依偎在海平面，勇敢的俯瞰著

遠方，為黑暗的海洋點亮了一盞明燈。

看完鮑比的故事，我深深的相信：人，只要活著，就是有無限的潛能。在我們的人生旅程中，一定會遇到許多的挫折與打擊，只要以恆心和毅力堅持，不向命運低頭，成功是在彼岸等著我們的。閱讀這本書，讓我最感動的是鮑比和家人的感情，尤其是他八歲的小女兒在遙遠的地方為他祈禱的畫面，一直烙印在我腦海，讓我更深刻的體會到親情的重要。鮑比就是因為親情的溫暖撫慰，使他孤單無助的生命開出更燦爛美麗的花朵。親情是勇敢的力量，家是最溫柔的港灣。幸福的我，一路上都有家人的呵護照料、關懷陪伴，我想，我應該要更懂得珍惜，珍惜我身邊的一切幸福，更用心的為我的生命謳歌。

生命的勇者其實在每個角落，努力的奮鬥著，為自己留下最偉大的「生命之歌」。《潛水鐘與蝴蝶》不只是一本書，更是一本以肢體奉獻一生的偉大紀錄，是用生命的樂章譜寫生命真諦的生命之歌。

思路引導

書是人類最好的朋友，閱讀一篇篇的好文章，猶如開啟一道道智慧的門窗，猶如經歷一趟趟新奇的冒險。當我們看完一篇文章或一本書時，心中一定有一些心得與想法在萌芽，將它記錄下來，讓記憶更清楚，讓收穫更具體，讓感動更深刻，還能與別人一起分享，這就是寫讀書心得的妙用呢！

更重要的，寫讀書心得對我們的學習有很大的幫助喔！所謂：「最淡的墨水，也勝過最強的記憶。」寫讀書心得會讓我們的學習更深刻，讓我們和書中的作者有更進一步的接觸與認識喔！

什麼是讀書心得？

在看完一篇文章或一本書之後，每一個人或多或少都會有一些體會和感想，把這些自己的所思所想或是收穫寫出來，就是讀書心得了，也叫讀後感。讀書心得可以寫自己讀書時的心得或體會，也可以針對文章中的某些論點加以發揮，或是提出你的批評和意見。所以，大至一本書，小至一句話，只要是你看了之後產生的想法或啟示，你都可以把它寫出來，這就是讀書心得。瞧！這樣是不是很簡單呢？

如何寫讀書心得？

寫好讀書心得的前提，就是要先仔細閱讀文章。因為「閱讀」是基礎，「心得」、「感想」是關鍵。所以，要寫讀書心得之前，要先讀完文章，掌握住文章的重點。想一想：文章的重點是什麼？它在說什麼？它想告訴我們什麼？

這本書（這篇文章）的重點是：（　　　　　　　　　　）

接下來，就是準備要下筆寫了。書中提到的內容可能很多，但不必全部都寫進去喔！只要選擇你感受最深刻、最有想法的部分，作為讀書心得主要的內容就可以了。每個人對事物的感受都不同，所以，讀書心得書寫的角度也會不同。將自己的想法整理一下，選擇你感受最深的論點或最精采的情節來寫就可以了。

我感受最深的是：（　　　　　　　　　　　　）

在寫讀書心得的時候，可以想像自己是書中的角色，也可以和自己實際的生活相連結，將自己真實的情感表達出來。例

如：看到《潛水鐘與蝴蝶》中的主角鮑比經歷的痛苦與孤單，想到自己的生活是這麼幸福，更要懂得珍惜。當然，在寫作的時候，也可以適當的引用書中的文句，配合自己的想法來發表論點與感受，表達得越真切，文章就會越感人喔！

閱讀完書籍後，我覺得自己：（　　　　　　　　　　　　）

讀書心得的重點

　　讀書心得可以將文章中的內容稍微提一下，但重點應該是「感」，是在自己的感受和收穫上面，千萬不能只有抄錄原文來代替自己的感想；或者只有將內容大意簡單複述而已。

　　讀書心得一定要「感」比「讀」多，也就是你的「心得」、「感想」才是書寫的重點。閱讀完後能用自己的文句把心中的體會、感想、收穫……寫出來，這樣，才算真正讀懂了一篇文章或一本書。

　　很多小朋友，不知道從哪些角度去寫心得和感想，下面提供一些小方向幫助你思考。小朋友寫讀書心得的時候，可以往這些方向去思考喔！

讀書心得小撇步！

一、簡單介紹書名或文章。

二、簡潔的介紹這本書（這篇文章）的主要的內容。

三、寫出這本書（這篇文章）中讓你印象最深的事物和人物。
　　你喜歡（討厭、贊成、反對）書中的哪位主角（情節）？
　　為什麼？

四、這本書（這篇文章）中有哪些精采的片段和詞句？它好在

哪裡呢？你是否從那裡學習到了什麼？

五、閱讀完這本書（這篇文章）後，你懂得了什麼道理？受到了什麼啟發？是否讓你聯想到生活上的哪些情況？

六、從這本書（這篇文章）是否知道了哪些生活常識或者科技方面的知識？

七、在閱讀的過程中，是否有產生什麼疑問呢？

八、閱讀完這本書（這篇文章）後，是否為你帶來了些許的改變？

九、為這本書（這篇文章）下一個簡短的評語。

　　準備寫讀書心得時，可以往上面這麼多的方向去想，但真正下筆寫的時候，就不需要面面俱到，把全部都寫進去，這樣會顯得多頭馬車，太混亂了，只要把小撇步中的方法選擇幾個來好好的書寫就可以了。

　　小朋友，現在換你動動手，寫一篇讀書心得囉！～

自我評估檢核表：

做到的打「∨」

	我知道讀書心得的定義。
	我知道如何寫讀書心得。
	我掌握寫讀書心得的重點。
	我會寫讀書心得。

書信的寫法

❋ ❋❋❋ ❋

範文欣賞

給水的一封信

親愛的水：你好！

你一直是我的好朋友，我始終無法想像沒有你的日子，你更是我的偶像，是我生命中最重要的支柱。每天，我都在你的滋潤與鼓勵下，迎接嶄新的每一個黎明。

有人曾說：「上善若水」。你因器而成形，柔軟的身軀不被任何環境所限制，再怎麼貧瘠的環境都無法拘限你，所以，你是順應時勢的智者。可是，柔軟的你又有堅毅的性格，遇到挫折不放棄，所以，終究能「滴水穿石」。這種不屈不撓的堅持，正是我最該向你學習的。

我覺得你非常神奇，也非常奧秘。有時，扭開水龍頭看見你一滴一滴的流竄出來。我總會好奇，今天的你來自來哪裡？去過什麼地方旅行？想像你或許來自高聳的玉山，也或許來自寧靜的淡水河……

你總是無處不在，而且無所不能。有時，頑皮的你化做臉盆裡的一個泡泡，清除我的污垢；有時，貼心的你又化身變成飲料裡的清涼，消除身心的疲憊；有時，你成為一滴聖水，灑在天真無邪的嬰孩身上，給他們美麗的祝福；又有時，你投身

跳入滾燙的水壺中，待燒開沸騰後，佐著茶葉的清香，在杯子裡跳著曼妙的舞曲，成為滋潤的甘泉。

有時，你只是我臉上、身上熱情的汗，蘊含著陽光與肌膚親熱的印記；有時，你是天空中落下的一滴雨；有時，你會成為媽媽快樂開心所留下的淚。甚至有時，你是花叢中一小滴露水，經過神奇的旅行，你還成為高貴迷人的香水，灑在可愛的人們身上，讓笑容蕩漾在每個你周遭的人身邊。

你總是天真的，總是相信人們的。但是，若干不肖的人竟不懂得珍惜你，利用了你之後卻沒有好好的保護你，將你置入骯髒有毒的環境裡，甚至還將你排入水溝，成為人人厭惡痛罵的工業廢水。可是，我知道你是無辜的，你美好的本質一直存在，只是，「遇人不淑」罷了。

在你身上，我學會「愛它，就要珍惜它」。我看著你，總會想起你不只是一滴水，一瓢水，你是來自汪洋的大海，你甚至是我人生中偉大的老師。因為，在我心中你不只是一滴水，你！簡直就是宇宙的縮影。

水呀！你的柔軟是我的老師，你的堅毅是我的偶像，我希望我能跟你一樣，有柔軟的身軀，也有堅毅的性格。謝謝你為我們所付出的，期待有機會我能回報你。祝你

旅途愉快

　　　　　　　　　　　　　　崇拜你的小雲敬上
　　　　　　　　　　　　　　　　98.02.01.

思路引導

書信屬於應用文。在我們日常生活中，使用頻率很高，我們經常需要藉著書信傳達思想或訊息，聯絡感情。雖然，現在

科技發達，電話、手機、電子郵件都取代了書信的若干功能。可是，透過書信中的文字表達出來的情感，是這些高科技的電子產品無法取代的。有許多面對面時不好意思開口說的話，許多隱藏在心中的情感，透過書信，才能傳達出我們的心情和想法。

　　寫信時，要特別注意書信的格式。書信既然是屬於應用文，就有它慣用或固定的格式。

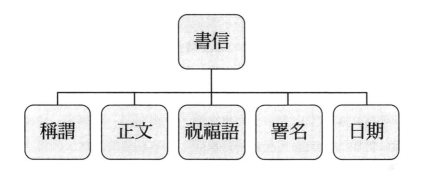

一、書信的格式

　　包含稱謂、正文、祝福語、署名、日期等部分。

（一）稱謂

　　寫信和我們與人見面一樣，要先有稱呼跟對方打招呼。它是信的開頭，也是寫信人禮貌的展現。稱謂拉近了寫信人和收信人的距離，也明確點出這封信要寫給誰。

　　稱謂的位置要寫在信紙的第一行頂格處，表示尊敬和禮

貌；後面加上冒號，表示下面我有話要說。稱謂後面可寫上問候的話，或是另起一段，空兩格來寫問候的話。例如：

> 親愛的老師：您好！
> 可憐的蚊子：
>   最近好嗎？

（二）正文

正文是信件的主要內容，也是信的中心部分。將自己寫信的目的、自己想要說的話、想要傳達的信息、想要表達的情感，都在這裡清楚明白的寫出來。如果要寫的事情很多，我們還可以分段來寫。每一段的起行都要空二格，將自己的想法有條理有次序的說出來。一件事寫完了，再寫另一件事。一般來說，重要的寫前面，次要的寫後面；內容重要的詳寫，內容次要的略寫。如果是回信，先要把人家問你的事情弄清楚。每件事情最好分開寫，這樣才能眉目清楚，一目了然。

（三）祝福語

正文寫完後，一般要寫上表示敬意、問候或是祝福的話語作為結尾。祝福語不需要多或長，通常可以是一句簡短的話就好。比較需要注意的是，祝福語的內容要根據收信人的身分、情況來定，要注意到禮貌。寫祝福語的格式也有一定的要求。例如「敬祝」可以接著正文寫，也可以另起一行空二格寫，但祝福語的內容就一定要另起一行頂格來寫。例如：

……我相信你的身體會越來越健康的。敬祝

身體健康

（四）署名、日期

　　署名就是在結尾下一行信的後半行寫上自己的名字。寫信給長輩時，在自己名字前要寫上彼此稱謂的關係。例如：寫給老師，稱謂就是「學生○○敬上」。署名的後面，標明寫信的年、月、日，以便使對方知道你寫信的時間。

二、寫信的內容

（一）確認對象

　　寫信，要注意對象，要用親切的語言與對方說話或談心。書信的正文是信件最重要的部分，其實它就跟一篇文章是一樣的。

　　想一想：你想對什麼對象說話呢？他可以是你周遭的親人，也可以是你遠方的朋友，當然，更可以是你的寵物、你鍾愛的玩具、古代的文學家……等等。例如名作家簡媜就曾寫過：「給孔子的一封信」。去年十二月初所舉辦的全國語文競賽，小學生組的作文題目就是：「給玩具的一封信」。透過這樣的書信，能傳達出埋藏在「我」心中的真正心聲與情感。所以，寫信的第一要務是確認對象。請你先想一想：你這封信想寫給誰呢？

我想寫信給：（　　　　　　　　　　　　　　　　）

（二）想說的話

　　為什麼我要寫信給他呢？我的目的是什麼？我想要跟他說些什麼？是傳達思念？還是訴說委屈？還是抒發自己的見解？無論是講一個問題，還是講幾個問題，都要圍繞著中心來說。再多的事情也要分清主從，考慮先講什麼、再講什麼，好讓讀信的人條理明白，知道你想說什麼。

　　例如：簡媜寫給孔子的信中，以一個母親的身分，把一些複雜的教育問題和社會現象提出來請教孔子。明知這是一封寄不出的信，可是透過信件文字對孔子的告狀，點明了現在孩子學習的諸多問題。

　　又例如剛落幕的全國語文競賽，作文題目「寫給玩具的一封信」，內容是將心愛的玩具送給表哥，陪伴表哥埋入深深的地底下，透過書信傳達對表哥逝去的不捨與思念。

　　所以，書信表達的內容是非常廣泛而多元的。仔細想一想：你想對收信的對象傳達出什麼訊息？你想要告訴他什麼？

我想要告訴他：（　　　　　　　　　　　　　　　）

三、換我動手做

寫給（　　　　）的一封信

民國九十八年二月一日　　　□□ → 關係　□□ → 署名　敬上

親愛的□□： → 對象

您好！

敬祝

祝福語 → □□□□

自我評估檢核表：

做到的打「∨」

	我學會書信的格式。
	我學會書信的寫法。
	我能以書信傳達情感和思想。

說明文的寫法

❈❈❈

範文欣賞

生命的電池

你知道什麼是生命嗎？你知道生命的價值嗎？你知道生命的可貴嗎？或許你並不知道，或許你並不懂得珍惜。但是，我要告訴你：有人不斷的努力，忍受煎熬痛楚、挫折打擊，就是想挽回已被死神奪走一半的生命，費盡全身心力和死神拔河。他們懇切而具體的知道：生命是珍貴的。

因為懂得珍惜生命，讓那些和病魔搏鬥的小天使們，用堅毅的心，忍受身體上的各種疼痛和創傷；用身體感受生命真實的存在，只有卑微的渴望能生存下來。他們個個都是生命小鬥士，譜寫著一篇篇生命詩篇。我曾讀過由日本四年級的小學生宮越由貴奈寫的「生命」這首詩，令我非常感動：

生命非常寶貴

就好比讓人們活下去的電池

電池有用到沒電的時候

生命也有用完的一天

電池可以馬上更換

生命卻沒辦法這麼簡單

那是經過好多年、好多年

花了好長的歲月，好不容易

上天才賜給我們的

沒有生命

人就活不下去

生命是這麼不眠不休的在工作

但是

卻有人說：「我不想活了。」便浪費了他們的生命

明明還有好多生命可以用的

看到這些人真令人難過

所以，我一定要努力活下去

直到生命宣布他累了的那一天為止。

　　她那扣人心弦的詩句，深深表達出生命的寶貴價值，充滿著對生命的感嘆！讀了之後令人感慨萬分，唏噓不已！由貴奈小妹妹才小學四年級，就懂得珍惜生命，追求生命，為什麼會有人，把生命當成衛生紙，用完即丟，那麼不尊重生命，不懂得珍惜呢？電池的電量有限，生命當然也不例外，只不過電池可以一而再、再而三的替換充電，但是，生命呢？它是絕對無法重來的。由貴奈展現高度戰鬥力的堅強意志，為了不讓生命無意義的流逝，她用生命譜詩，以堅強的毅力和疾病奮戰。雖然最後她還是敵不過病魔的摧殘，但生命這一場障礙賽跑，對她而言，已是勝利了。即使她的電池已經耗盡，但她所做的一切努力，已把生命詩篇填得飽滿壯麗。

　　用眼睛看青山綠水；用鼻子品嚐花香土味；用耳朵聆聽鳥囀蟲鳴；用嘴巴享受山珍海味，你會發現生命是如此多采多

姿。只要用心對待生命，關懷周遭事物，關心身邊的人，生命的電池，會充滿「愛」的力量，永不耗盡。

思路引導

一般我們常說「論說文」。其實，「論說文」包含「議論文」和「說明文」二種。只要是解說事物的性質特點，或是介紹某方面知識的文字，就是「說明文」。也就是說，它是以說明的方式來表達內容的，要將說明的對象「說清楚、講明白」。它們的不同是：「說明文」只是客觀陳述事理現象，不必凸顯自己的主張；而「議論文」就必須將自己的論點主張表達得很清楚。

「說明文」一般都是客觀平實、明白淺顯的介紹，它的特色是文字要精準、樸實、簡潔、清晰、生動。在寫「說明文」時要抓住事物的特徵和本質，才能精準的掌握它。仔細想一想，其實任何事物都有自己的特徵，只要仔細觀察，就能分辨它們細微不同的地方。

「說明文」的寫作方法有幾種：

一、特徵說明法

要區分事物最快的方法，就是根據它們不同的特徵來寫。只要明確掌握外型、習性、功能之間的差異，就能運用特徵說明寫作的方法。例如要介紹**「雲」**，可以就它的形狀、姿態、特性來解說：

天上的雲，姿態萬千，變幻無常。有的宛若羽毛，輕輕的

飄在空中；有的像魚鱗，一片片整整齊齊的排列著；有的如羊群，來來去去玩遊戲；有的彷彿一張大棉被，滿滿的蓋住天空。有的還像起伏的山巒，像雄獅，像奔騰的駿馬……。它們有時將天空妝點得很漂亮，有時又將天空籠罩得很陰森。尤其是夏天，明明剛剛還是白雲朵朵，陽光燦爛；一霎時卻又烏雲密佈，下起傾盆「西北雨」。雲就像天氣的「導航」，天上掛著什麼雲，就將出現什麼樣的天氣。

像這樣就「雲」的特質（姿態萬千，變幻無常）、外型（像羽毛、像魚鱗、像羊群、像大棉被……）來說明「雲就像天氣的『導航』」。讓人很快掌握「雲」的樣貌。又例如要介紹「死海」：

「死海」被稱為「世界之窪」，位於亞洲西部巴勒斯坦和約旦交界處。死海是世界陸地的最低點，因此也有「地球肚臍」的別稱。死海的水大部分來自約旦河，可是現在約旦河的水只有 10% 流到死海，70% 的約旦河水因為地區性缺水改道而流向以色列和約旦，以滿足工業、農業和家庭用水。到目前為止，死海的水大約有 1/3 已經損失，它正在變得越來越小，有朝一日有可能會消失。

死海實際上是一個內陸鹹水湖，它是世界上最鹹的湖，湖水含鹽度是一般海水的 6-7 倍。遠遠望過去，死海的波濤起伏，一望無際。但是，誰能想到，如此浩瀚的海水中竟然沒有魚蝦、水草，甚至海邊也都寸草不生。這是因為湖水中鹽分極高，生物無法在裡面生存，這或許也是被稱為「死海」這名字

的原因吧！

　　像這樣介紹「死海」的位置和別稱，並說明「死海」名稱的由來就是掌握了「死海」的特徵。

二、舉例說明法

　　就是以列舉代表性的典型例子來說明事理、事物的寫作方法。運用例子說明，可以使抽象的變成具體，使深奧的變成淺顯，使複雜的變成簡潔。例如「家鄉的特產」，這是指只有你的家鄉才出產的，獨一無二的，別的地方少有的，具有代表性的特產。就可以運用舉例說明的方式：

　　一提起黑珍珠蓮霧，馬上會令人想到屏東林邊鄉，筆直的海岸公路上，兩旁是結實纍纍的超甜黑珍珠，令人垂涎三尺；一想到吃釋迦，馬上想到台東平原一望無際的釋迦樹，又香又甜的釋迦化在嘴裡，連心裡都甜蜜了起來。一提起我的家鄉，大家就直嚷嚷著要到我的家鄉吃蓮子大餐、喝蓮子湯、賞亭亭玉立的蓮花，因為我的家鄉是以「蓮」聞名的台南白河鎮。

　　又例如「愛」這個題目，用心感受就是「愛」，沒有愛的世界會是多麼恐怖呀！我們也可以運用舉例說明的方式，來說明「愛」的重要。

　　鳥有一對翅膀，所以能遨翔於空中；魚有一對鰭，所以能

優游於水中；同樣的，我有一顆心，能去愛世上的有情萬物，感受世界的美好。因為「愛」，我們才算真正活在這個世界，一如泰戈爾所說的：「生命裡注滿了愛，有如酒杯斟滿了酒。」

三、設問寫作法

寫說明文時，可以做概況的介紹，也可以用設問的方法帶出主題，再加以說明。例如「美麗的花朵」：

花朵為什麼這麼美麗？擁有各種鮮豔的色彩呢？釋放清新的香氣？

當我們走進花叢，繽紛瑰麗的花朵，綻放著許多迷人的顏色；陣陣花香撲鼻，使人感到神清氣爽，心情舒暢。你是否曾經覺得奇怪，為什麼花朵有各種不同的顏色呢？為什麼花朵裡含有香氣呢？

花兒能夠有鮮豔的顏色，是由於花瓣的細胞液中存在著色素。由於花瓣或花萼裡含有各種不同的色素，而且各種花瓣裡面所含的色素比例不同，因此就有了萬紫千紅不同的顏色。而花的香氣是因為在花瓣中，具有特殊的腺細胞分泌有香味的化學物質，這些化學物質很容易向四周擴散幽香。那為什麼有些花不香呢？簡單的說，就是這些花裡沒有這些特殊的細胞。

這就是以設問寫作的方法帶出主題「花朵為什麼這麼美麗？」之後再詳細解說花兒有鮮豔色彩及花香的原因。

　　說明文的特徵是具有說明性、客觀性和知識性。但一味客觀知識性的介紹，讀來不免令人覺得沈悶呆板。所以，我們可以透過「因事說理」的寫作方式，讓文章生動有變化。「因事說理」就是在說明事理的文章中，透過某種事實的陳述，然後歸結出道理的方法。表面看來是一篇記敘文，但作者真正的目的是在說明某些道理。

　　想要寫好說明文，就要有多方面的知識。所以，我們可以多看一些紀錄片增廣見聞；收看時先辨別哪些部分用了說明的方法。我們還可以查閱百科全書，或閱讀名家的作品，讓自己更進步喔！

自我評估檢核表：

做到的打「∨」

	我知道說明文的特徵。
	我學會說明文的寫法。
	我學會「因事說理」的寫法。
	我能運用文字清晰準確的解說事物和闡釋事理。

直接抒情的寫法

六月，是個離別的季節，它讓你在心頭起了什麼陣陣漣漪呢？請將你的想法與感受在留白處寫下來。

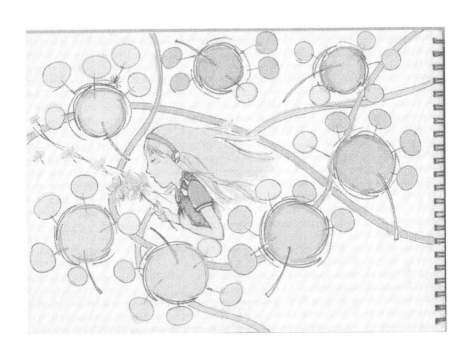

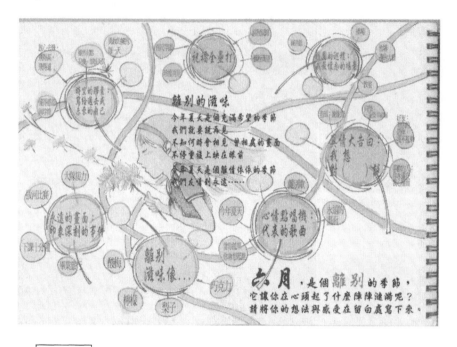

範文欣賞

離別的滋味

當太陽再也無法隱藏悶燒的熱情，當蟬兒唧唧劃破寧靜，夏天這個雄辯滔滔的演說家，宣告他真的來了。六月的鳳凰花，悄悄的染紅了校園；阿勃樂也換上黃色的彩衣，像一串串的風鈴一樣，掛在枝頭上搖擺。我望著滿天隨風飛舞的花瓣雨，打開記憶中的藏寶盒，讓永恆的畫面，在眼前慢慢播放……

操場是我們揮灑汗水，追逐夢想的競技場。還記得充滿戲劇化的大隊接力，我們從一路遙遙領先到跌倒、掉棒，再從敬陪末座開始勇往直追，鼓勵吶喊聲響徹雲霄，把老師和全班的

嗓子都喊啞了。拔河比賽撐不到三秒鐘，立刻兵敗如山倒，老師還安慰我們表現盡力就好；鬥牛賽在千鈞一髮之際，我的鞋子竟然飛了出去……在操場上，我們的汗水和歡笑聲，淚水和喝采聲，編織成昂揚的樂曲，久久不散……

離別的滋味，就像檸檬一樣，有點兒酸，有點兒甜，也有點兒淡淡的苦澀。手中和同學交換著延續友誼的紀念冊，心中五味雜陳。這一張張的卡片，正述說著畢業的到來。我翻閱老師為我寫下的畢業留言：

「畢業並不是一個結束，而是另一個開始。就像是搭飛機需要轉機一樣，讓你到達心目中的目的地。每一次的畢業也代表著離夢想更近囉！所以，請帶著愉快的心情，勇敢迎接每一段旅程！」

看著埋首在作業書海中的老師，平日愛笑的他這幾天陽光突然不見了。我輕輕哼起老師教我們唱的「今年夏天」：「今年夏天是個充滿希望的季節，我們就要說再見。不知何時會相見，曾相處的畫面，不停重複上映在眼前……」聽到我的歌聲，老師抬起頭來，嘴角對我揚起一抹淡淡的笑容，我感覺老師的眼眶潮濕了起來，我的眼睛也跟著熱熱的、脹脹的、痛痛的……

望著腳下如蝶似雨的花瓣，我一步一步小心的走著，踏上青春的階梯和大門。我知道，雖然在鳳凰樹嫣紅的枝頭，驪歌輕輕響起；然而，這校園裡一張張永不褪色的畫面，將會深深烙印在我的心海……

思路引導

六月是個特殊的季節，太陽的熱力開始放送，蟬兒開始狂妄的唱出嘹亮的歌聲。這個季節，充滿熱情活力，也充滿依依不捨的離情。

在六月，我們要揮別童年，迎向國中燦爛的朝陽；在六月，我們要向師長告別，飛向更蔚藍的天空；在六月，我們要與親愛的同學們道別，邁向青春的大門；在六月，我們也要向熟悉的校園說再見，依依不捨的期待，預約下次相會的時間。

我覺得離別的滋味像……（　　　　　　　　　）

離別，是怎樣的心情呢？嚐起來像什麼樣的味道呢？你會用什麼水果來形容它？有人覺得它像檸檬，有的人覺得它像鳳梨，像水梨、酸梅……。不管用什麼來比喻，[1]都有一種共同的滋味——有點酸、有點甜。這六年來有太多的回憶，無論辛酸或傷心的曾經，現在想起來都是甜蜜蜜的；但是，一想到要和親愛的師長和同學分離，一股酸酸的情緒就爬上心底。這酸酸甜甜的滋味，就是「依依不捨」。

最難忘的校園一隅：（　　　　　　　　　）

每天走動的校園，那些熟悉的角落，那些和死黨的秘密基地，應該有許多你和好朋友們共同的回憶和故事吧？有哪些地方是你看到，就會湧起一股特別的感覺呢？有人特別記得在操場上揮汗的競賽；有人鍾愛綠蔭的大樹、熱鬧的池塘；有人印象最深刻的是像萬花筒的合作社；還有人特別喜歡學校的圖書

---

1 用鳳梨、水梨、酸梅、巧克力等具體的東西，來形容離別這抽象的感覺，這就是「比喻」。它們的共同點是酸酸甜甜的味道，所以，使用「比喻」時要找出它們的相似點。

館……一片風景，就有一片心情。你最難忘的角落，是校園中的哪一個地方呢？在那裡，你曾發生什麼樣難忘的回憶與故事呢？

情感發射站：(　　　　　　　　　　　　　　　)

　　情感是人類最珍貴的至寶，因為有「情」，我們的人生才會如此美麗，生命才會如此動人。寫作時情感是最重要的，文章要生動感人，要引起共鳴，就一定要有真誠的情感。將心中喜、怒、哀、樂的情感表達抒發出來就是抒情文。

　　一般感情的抒發，可以直接說出來，那就是「直接抒情」。然而，我們也可以透過人物、景色、事物或事件來抒發自己心中強烈的情感，那就是「間接抒情」。「直接抒情」因為直接大膽的說出自己的想法，所以，要多用一些美麗的詞彙和修辭技巧才能讓感情更真實呈現。而「間接抒情」就可以因為想起某些人、事、景物，將感情側面含蓄的表露出來。

　　不管你使用哪一種方式抒情，一定要知道抒情的對象是誰？而且，情感一定要是真實自然，文章才能情真意切，吸引人家喔！

　　想想看：在離開校園前，你心中澎湃的情感，會用哪一種方式表達呢？你會選擇哪一個人物、事件、畫面、歌曲或景色來傳達你的依依離情呢？

我的情感發射站：(　　　　　　　　　　　　　)

　　祝福小語：

☆畢業並不是結束，而是另一個旅途的開始

☆快樂的鑰匙在自己手中。

☆每一個人都是自己幸福的建築師。

☆快樂的秘訣，不是做你所喜歡的事，而是喜歡你所做的事。

☆金銀愈加磨鍊，愈加光亮；人生愈加考驗，生命愈加光輝。

　　因為明天有新起點，所以，今天才須道再見。你知道嗎？其實，分開不代表會改變，那淡淡的不捨，可以變成未來相聚時淡淡的甜蜜與幸福；其實，離別不一定要感傷，即使搭上不同的飛機，還是可以透過想念的力量，為對方祝福。

　　在離別前夕，你一定有許多祝福的話想要說。你想對誰說呢？是對自己？還是同窗好友？抑或是敬愛的師長呢？你的心裡想說些什麼話呢？

我想對（　　　　　　　　　　）說

我的祝福語：（　　　　　　　　　　　　　）

驪歌輕輕唱起

今年夏天

　　友情，無聲降臨，我回味從前，想起了你。

　　心中泛起了一波波漣漪，雖有時嘔氣，卻還是珍惜。

　　朋友，曾經相惜，我站在窗前，靜靜回憶。

臉上浮起了一絲絲笑意，心中雖有時感到空虛，卻依舊溫馨。

　　今年夏天是個充滿希望的季節，我們就要說再見。

　　不知何時會相見，曾相處的畫面，不停重複上映在眼前。

　　今年夏天有種令人不捨的感覺，徘徊在你我之間。

　　抹去彼此流下的淚水，重新展開笑顏，

　　　　各自踏上，錦繡的明天。

　　友情不曾離去，我想起從前，好多美麗。

人生不一定會一切順利，但我會將你放在心裡，替自己打氣。

　　今年夏天是個充滿希望的季節，我們就要說再見。

　　不知何時會相見，曾相處的畫面，不停重複上映在眼前。

　　今年夏天有種令人不捨的感覺，徘徊在你我之間。

　　抹去彼此流下的淚水，重新展開笑顏，

　　　　各自踏上，錦繡的明天。

　　今年夏天是個離情依依的季節，我們友情到永遠，

　　　對你說一聲再會，輕輕畫上句點，最美的句點。

自我評估檢核表：

做到的打「∨」

	我學會比喻句。
	我認識抒情文的特點。

極短篇創作

以 **要你好看** 為題，設計出極短篇情節。

說明： 考驗創造思考的變通力、精進力、流暢力與獨創力。看
完後，不如自己動手試一試喔！

1、「要你好看！」

父親不捨的為出嫁女兒蓋上白色頭紗，嘴角開出一朵慈愛
的微笑，輕輕拭去女兒眼角湧出的晶瑩，心疼的叮嚀。

2、「要你好看！」

丈夫為病逝的愛妻換上最美的新裝，並在她無血色的冰唇
搽上鮮豔的胭脂，輕拂妻的臉頰，戀戀的對她呢喃。

3、「要你好看！」

凌晨三點，電視鏡頭停格在「我的老婆是老大」的畫面，
妻繃著臉在客廳等候未歸的丈夫，準備讓他知道。

4、「要你好看！」

理髮師俐落的拿著髮剪，「咻！咻！咻！」解決那頭蓬草
後，志得意滿的邊拿起鏡子請客人攬照、邊說的話。

5、「要你好看！」

飆車族呼嘯疾馳而過，警車鳴放警笛，警員猛踩油門極速
追逐，心中發出的警告。

6、「要你好看！」

太太為即將出門上班的先生整整領帶，捏捏臉頰，理理頭髮，疼惜的對先生說。

7、「要你好看！」

大雄媽媽從抽屜拿出大雄偷藏的考卷，上面一個大大的數字——0，媽媽面色鐵青，靜默走下樓等候大雄，心中的憤怒之語。

8、「要你好看！」

球場上兩隊人馬禮貌握手寒暄，露出招牌笑容，亮著眼打量對方，握著的手逐漸加重了力道，心中的豪語。

9、「要你好看！」

媽媽將喧鬧的電視關掉，倒杯茶，走進書房陪著埋首書陣苦讀以應付指考的孩子，一同看書，關懷的對孩子說的話語。

10、「要你好看！」

配光師父認真為客人測量眼鏡度數，絲毫不敢馬虎，一絲不苟，並拿起鏡布仔細擦拭眼鏡，再遞給客人，所說的服務語。

11、「要你好看！」

整形醫生戴起眼鏡，一針一線、小心翼翼縫合整形傷口，像珍重藝術品一般的慎重，對病人說的安慰語。

12、「要你好看！」

青春的女孩換上魅力新裝和一臉燦爛陽光，走向等在對街——那熱戀中的男孩，旋轉一圈後問男孩：「喜歡嗎？」，心中無比的期盼。

13、「要你好看！」

　　鋼管女孩薄紗短衣，大跳艷舞，舞動肢體對著瞠目結舌的老伯，扭動身軀，翹臀往老伯腿上一坐，自信的想著。

14、「要你好看！」

　　放老鼠藥在牆腳，對著天花板得意的笑，心中所說的警告語。

15、「要你好看！」

　　穿著一身大紅衣裳，準備在午夜 12 點上吊，報復拋棄她的絕情男子，冷冽的許下化為厲鬼也要回來找他的誓言。

16、「要你好看！」

　　丈夫為做化療掉髮的妻買了美麗的帽子，關愛的對妻說的話。

線的延伸

漫談國小修辭教學

　　語文教學應是一種教來使人感到愉快的藝術，修辭教學則是創造美感、提高教學效果的一種上課藝術，「寓教於樂，寓智於美」是語文的教學原則，而「語文教學的進一步發展，就要走上修辭學、風格學的道路。」（呂叔湘，1980）是故，我們不能再輕忽修辭教學的研究，更不能忽視修辭教學這一已顯得非常必要的課堂語言藝術。

　　小學國語文教學的主要任務，是培養學生實際使用語言、文字的能力。林文寶（1987）認為，為了提高國語文教學的素質，老師必須有分析修辭現象的理論和技能；王天福等（1991）認為國小語文教師在讀書教學上，應有「善用修辭，欣賞優美詞句」的語文知識和教學能力；董季棠（1992）也認為師範生應有的語文能力要包括修辭常識，教學才能勝任愉快。是故，在教學上，運用修辭知識的重要是不言可喻的。然而修辭知識在教學時的運用，並非把「修辭格」等等的理論硬生生的向學生講解、灌輸或乏味的記憶背誦，絕非生搬硬套，而是老師須透過活潑生動的修辭教學活動，將修辭知識「融入」教學之中，讓學生於遊戲、生活或練習中領悟修辭的妙用，使學生能喜愛並能活用修辭，啟動孩子文學的心靈，使他們從「自然人」上升為「社會人」，進而上升為「審美的人」。

　　至於修辭教學的教材，當然以教科書內容最佳，教科書的內容是兒童精讀的材料，以課文中出現的修辭方式為例，兒童最容易接受，而老師在國語讀書教學的課文深究時，就是實施修辭教學的最佳時機。換言之，修辭教學是須貫穿於整個語文教學中的。

　　倪祥和（1985）論修辭的活的靈魂，修辭的三大基本原則是：[1]首先，修辭要適切題旨；其次，修辭要適應語體；再次，修辭須適應語境。這三大原則，一言以蔽之：「宜」字也。此三大原則，放諸於修辭教學，其理亦同。

　　何永清（1991）提出修辭教學的原則有以下四點：[2]

1. 不要使用太多的修辭專門術語。
2. 不要舉用太多成人作品的例子，用國語課本和小朋友的作品即可。
3. 不要用筆試方式作為教學評量。
4. 不要單獨進行作文的修辭教學，應和讀書或說話互相配合，在生動自然的情境下自然學習。

　　綜上所述，修辭教學實施的原則昭然若揭，然筆者認為，除關注實施之原則外，進行修辭教學過程中，尚須堅持三個結合：

---

1 倪祥和（1985）。〈修辭的活的靈魂——論修辭的三大基本原則〉。載於中國修辭學會編之「修辭學論文集」第二集，（頁1-12），福建。
2 何永清（1991）。〈國小中年級作文修辭教學之探討〉。人文及社會學科教學通訊，2（2），頁67-72。

一、結合學習重點

　　修辭教學應貫穿於語文教學的全過程，以課文的學習重點為核心。修辭教學應如何發揮基本課文的「例子」作用，值得探討。由課文的分析中，使學生深刻理解課文內容，學到豐富修辭知識，運用修辭知識創作或修改自己的文章。修辭教學是欣賞課文的方法之一，應配合教科書的內容，注重「篇章修辭」，不可喧賓奪主。

二、結合篇章修辭

　　篇章修辭亦稱章法結構。篇章修辭是文章的結構法則，即詩文作者在安排全篇章節的若干辦法，包括文章的體裁、承轉等。具有章法關係的結構叫章法結構。修辭教學一定要合章法結構。總分、並列、遞進是常見的章法結構，尤以總分式是最基本的。若不符篇章修辭，僅是為修辭而修辭，那就將失之偏頗，如董仲書曾道：「得其處皆是也，失其處皆非也。」修辭，要收到良好效果，不在「多言」，而在「言之時」切合時機，符合章法結構。

三、結合題旨情境

　　陳望道：「修辭以適應題旨情境為第一義」，修辭的表達，都要為表達題旨、突出情境服務。一篇文章有中心思想，一段話有中心句或主要內容，這就是題旨。運用修辭必須考慮題旨、修辭方法，要處處為題旨服務。修辭的詞語、修辭格，本身並無好壞美醜、高低主次之分，用得恰當，適應思想內容的

表達，即是好的、美的；用得不恰當，就是不好的、不美的。是故，語言文字、修辭表達的美醜是由題旨情境決定的，如「詩以意義為主，文以用意為上」即為此意。情境，指說話或寫文章時的多種背景、主客觀雙方的情況。應用修辭時應時時處處不忘情境，並千方百計適應其需要。切合題旨情境，用得恰當可達良好表達效果，就是好的修辭。是故，結合題旨情境即要求實施修辭教學須注重正確思想內容和完美修辭形式統一。修辭教學須緊密結合題旨情境，不要孤立進行，使學生體認修辭應適應題旨情境，不要機械模仿，生搬硬套。

修辭教學源於修辭學，然修辭教學非等同於修辭學；修辭格是修辭學及修辭教學中重要的共同組成部分。透過圖例當可更清晰明白其異同與相互關係，其關係圖列如下：

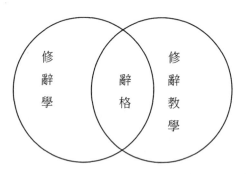

修辭學　辭格　修辭教學

（張春榮（2005）《國中國文修辭教學》，頁10）

修辭教學，要依照系統性和循序漸進的原則，有計畫的安排教學內容。先教哪些修辭知識，如何進行教學，有計畫的側重講授教學，使學生感到新鮮有趣，提高教學質量。

由古至今，人們用語言互相傳達自己的思想，而人們用藝

術互相傳達自己的感情。這裡所謂的語言「藝術」即「修辭」。「修辭」是人們在長期的語言審美活動中總結出來的，是提高語言表達效果、美化語言的主要表現手段。這種美的語言為美的內容服務時，就能產生理想的表達效果，也就是修辭的全部內容。是故，修辭教學不僅是一些規律手法的介紹、實踐，更是對學生語言美的教育，對學生道德品質、思想情感的薰陶。換言之，修辭教學所研究的是美的規律在語言中的體現。是故，修辭教學過程的實質也就是對學生進行語言美的教育過程，值得老師們正視之。

正視修辭格教學

在「第四屆兩岸四地小學語文教學觀摩暨研討會」中，來自海峽兩岸四地小學語文教學上的佼佼者，共有四節 16 場的教學觀摩，這些語文教學的優質尖兵們，為參與教學觀摩暨研討會的教師們，上了豐富結實的一課。

來自兩岸四地不同場域的教學者教授語文，筆者觀察出一共同點：正視語文教學中的「修辭格教學」。如：蘇蘭老師整節課的重點直接清楚點出：認識修辭——排比。與眾不同的，蘇蘭老師使用幾米繪本新作《失樂園》系列的五本書：《寂寞上場了》、《童年下雪了》、《魔法失靈了》、《秘密花開了》、《奇蹟迷路了》，教學生體認排比的形式，充滿創意，令人耳目一新。整節課配合蘇蘭老師幾近出神入化的精湛教學技巧，精緻的教學設計，讓師生共同經歷一場知性美的饗宴。另外，李宜欣老師教學目標：「運用簡易譬喻與擬人法描述對樹的觀察」；歐陽素鶯及劉麗莉和陳小紅老師教學目標中亦提及教會學生「擬人」、「比喻」修辭格。可見，「修辭格教學」於兩岸四地語文教學中，重要地位不言可喻。

來自澳門的陳小紅老師，以〈東方之珠〉這一課對小學二年級學生進行教學，由課本範文中的例句引導學生學習「比喻」修辭格，透過影帶的播放讓學生認識澳門著名建築，再藉

由圖片讓學生發揮想像，自由聯想這些澳門名勝像什麼。研討
會中，有老師提問：「台灣小學的『比喻』是在小三才開始
教，澳門在小二就進行「比喻」學習，會不會太早了？」亦有
老師建議：「在教授『比喻』修辭格時，是否先對學生講清楚
「比喻」的概念，再讓學生仿做比較好？」

　　筆者深感納悶，「九年一貫」本國語文的基本理念中，就
基本能力而言，修辭始於「欣賞、表現與創新」，提及「修
辭」的能力指標僅只：「F1-8-2-1 能分辨並欣賞文章中的修辭
技巧。」「F2-8-2-1 能理解簡單的修辭技巧，並練習應用在實
際寫作。」其中並未標明修辭格教學的序列性與什麼年級該教
會哪些修辭格？何以有小三才能教「比喻」修辭格的立論？驗
諸小學低年級教科書，其中已出現相當多的修辭格。目前至少
已有二篇學術論文專論國小低年級教科書所出現的修辭格：

1. 陳麗幸（2002）針對《本國語文低年級九年一貫教材審定本
　 修辭方式比較》，提出：低年級國語科各版本教科書中出現
　 的修辭方式有：感嘆、設問、摹寫、譬喻、轉化、映襯、雙
　 關、象徵、呼告、鑲嵌、類疊、對偶、排比、層遞、頂真、
　 錯綜、倒裝等十七種。

2. 林芳如（2003）《國小一年級國語教科書修辭格之研究》，研
　 究結果為：國小一年級國語教科書最常出現的是「類疊」，
　 其次分別為摹寫、排比、轉化、感嘆、設問、頂真、譬喻、
　 鑲嵌、映襯、層遞、回文、象徵。其中引用、誇飾、轉品尚
　 未出現在國小一年級教科書中。

　　可見在國小低年級課本中已出現相當多的修辭格。筆者認
為：低年級「比喻」、「擬人」等修辭格不是不能教，重要的

是，教學須重方法。修辭格教學應讓學生在實際教學中具體體現語文修辭之美，讓學生透過課本範文例句動態具體的比較，若不使用修辭格會變得如何？使用修辭格後，會造成什麼不同效果？是否更生動活潑、形象化呢？如：一樣描寫太陽升起的景象，「太陽慢慢升起。」「火紅的太陽，像一顆大火球一樣，慢慢的升起。」哪一個句子比較生動，使表達更清楚呢？若只是說：「太陽慢慢升起。」顯得呆板無趣；若加上「比喻」修辭格：「太陽像一顆大火球一樣」太陽的光芒和熱力立即會具體形象的跳躍出來。不須加上太多理論的概念、專業的術語束縛，透過具體的例句比較，讓學生感受原來使用修辭格會使文字充滿神奇魔力，這樣的教學方式在低年級就可進行。

修辭格教學是如此重要，對國小教師而言，如何教（具體方法）？教哪些（範圍）？先教哪些修辭格（序列性），如何進行教學，使學生感到新鮮有趣（興趣），提高教學質量，是教師急切關注、亟待解決的問題。

修辭格教學，若只停留在修辭格僵化的辨識，制式理論的說明，靜態分析修辭格數量的起伏，對語文教學及對修辭格教學都是困乏而不足的，是縮小了「修辭格」的內涵，使多采多姿、興趣盎然的修辭格教學，內容變得片面狹窄、枯燥乏味，將修辭格教學引入誤區。

筆者認為：修辭格教學，要依照系統性和循序漸進的原則，有計畫的安排教學內容。修辭格教學，要教會學生識別修辭格，劃清修辭格與非修辭格的界限，劃清各類修辭格之間的界限，並且了解各個修辭格的性能與效用。

修辭格教學宜「抓重點」，「學精采」，須把握重要修辭

格，並能確實運用各重要修辭格；修辭格教學應明確教學意義，抓住修辭運用實質；修辭格教學應及早制定出教學大綱，使修辭格的教與學都有所衡準；修辭格教學應透過由語文知識的灌輸晉升到智力創意的培養，進而進入美育的薰陶；修辭格教學的目的、具體內容和要求須予以明確規定，師生方有統一、可遵循的標準，充實教學內容；修辭格教學應改進教學方法，結合創思教學技法，提高教學樂趣；應動靜結合，利用遊戲、活動、視聽影像等媒介豐富教學，激發學生學習興趣，感受修辭格之美趣及情韻，以收教學效果；修辭格教學應強化學生修辭技巧和綜合能力的訓練，設計融貫知識性、情趣性和實用性之教學，使其更生活化、多元化、趣味化，以展現修辭格之音樂性、圖畫性與其意義性，讓修辭格教學真正活化、生動有效，培養學生真正學習帶得走的能力。

　　修辭格教學能提升學生語文質量，由「說得正確」，臻至「說得好」、「說得巧」、「說得美妙」，教師們應正視修辭格教學，讓學生在遊戲中體會，在練習中精進，在生活中妙用，以達到「玩深刻」、「抓重點」之修辭教學目標。

重視古典詩歌教學

✾✾✾

　　歲暮年終，有幸參加「第四屆兩岸四地小學語文教學觀摩暨研討會」，見識到來自海峽兩岸四地在小學語文教學上的佼佼者，共同研討中國語文的重要，切磋語文教學技藝，這短短二天的教學觀摩研討會，著實令人大開眼界，受益良多，更讓人體悟語文教學的專業性與積極重要性。

　　令筆者印象深刻、眼為之亮的，便是兩岸四地的小學語文教師們，他們文武兼備，能說能唱，能吟能歌，腹中飽讀詩書經綸。尤是來自湖南的帥曉梅老師，示範唐詩教學，令人驚豔，博得滿堂彩，其熱絡情況一如報紙、電視所報導的：場內場外觀摩的教師比學生還多。王維〈送元二使安西〉在他諄諄的引導下，只見他出口成章，配合著標準的咬字發音與悠揚的聲韻曲調，吟誦時深深陶醉在古典詩詞的雋永氛圍，由景至情，纖細敏感的詩情深深抽動了在場聆聽的師生，臨了，他更揚聲沈醉的高唱《陽關三疊》，那清揚的音韻，來自天籟，完美達到其「在誦讀吟唱與融情想像中，感悟詩歌所表達的情感。」

　　古典詩歌和現在的學生，不管是時空、背景、語言文字……，距離都是遙不可及，要達到一場成功的古典詩歌教學，誠屬不易。帥老師的成功教學，除了自己優質的學養內涵

及豐富用心的教學之外，大陸教育當局重視古典詩歌的教學，亦為挹注這場別開生面的唐詩教學成功之因。

大陸教育當局明言規定小學生畢業前須熟讀背誦古詩 80 首，中學生須背誦古詩及古文數量則更高，這樣的教學訓練奠定學生一定的語文基礎與質量。是故，在帥老師進行王維〈送元二使安西〉詩歌教學時，引導學生想像情、景，比較不同送別詩的詩句，其所提問學生字句、引導語皆出口成章、成詩，彷彿信手拈來，詩歌智庫就在他小小神奇的腦袋。台灣有老師提問：老師出口即詩詞，學生能聽懂嗎？學生能體會嗎？帥老師回道：大陸的國小學生都須背誦至少 80 首古詩，所以，這樣的教學在大陸任何地方應是沒問題的；而在台灣，因學生未必具有這樣的先備能力，所以，體會上會有稍許困難。但是，給學生一個詩歌教學的情境是很重要的。筆者深感認同，進行古典詩歌教學，千萬不要讓學生認為古詩僅只是古人的文學，文謅謅的不符時宜，而將之束之高閣。

筆者近期在任教班級嘗試進行古詩教學，結合圖片欣賞、輔以音樂曲調，在詩詞的吟詠中和詩人神遊，在想像的遨遊下和詞人共舞，師生共同經歷一場心靈饗宴，沐浴在文學爛漫中，學生不僅樂在其中，更是期待這樣活潑有趣的古詩教學，讓他們馳騁在古典浪漫的詩歌草原。是故，筆者建議進行古詩教學要以情境教學為血肉，以語文訓練為基礎；不能只是死背強記，生搬硬套，那閱讀古詩就味同嚼蠟，毫無美感可言，壞了學生古詩學習的胃口，甚至視為畏途。以音樂和圖片導入情境，透過意境想像、朗讀吟誦，將古詩之美深植學子心中，燃起縷縷思古幽情，提高學習興趣。換言之，古詩教學須結合情

境教學讓學生體認古詩之美，願意打開童心、張開童眼來欣賞古詩，親近古詩，玩味古詩；掌握古典詩歌情感之美，音樂之美，從而終能體現古詩其深遠奧妙意蘊。

詩歌，是最精鍊的語言，是中華文化的寶典，是文學的珠貝，古典文學的搖籃。詩歌精湛的語言文字，深刻的意涵內蘊，動人的意境，雋永的情感，實是進行語文教育和審美教育重要的題材。中國詩歌源於《詩經》，浪漫《楚辭》繼之，漢代「樂府詩」承之，終至光芒萬丈的「唐詩」、「宋詞」等，使古典詩歌燦爛不朽。每一首詩，每一闋詞，往往蘊藏著一個美麗的故事，訴說著動容的情意。試想：讀王維〈鹿柴〉、〈竹里館〉，杜甫〈江畔獨步尋花〉，那自然幽靜的山林花草，賦予文學多少血肉；讀李白〈贈汪倫〉、〈靜夜思〉、〈獨坐敬亭山〉，那深層的感情，蘊含友情、思鄉、孤獨深刻的映照。學生們學習這些詩詞，言語行文必顯典雅優美，行為舉止應是文質有禮，透過這些古典詩歌，激發學子真摯激切的情感。在我們大嘆學生語文能力殆不如前，語文程度低落的同時，「古典詩歌教學」正是該努力提倡的標的。換言之，「古典詩歌教學」能讓學子感受語文神奇魅力，提升文學質量，薰陶真摯情感，深耕文化沃土。

美麗的古典詩歌，是學習生活的一頁歡歌，基層國小語文教師們，應多與學生共同和李白、杜甫們為友，親近王維、孟浩然，與蘇軾、稼軒為伍，吟風弄月，師生共徜徉在古典詩歌美麗流域。

引導語設計藝術

＊※＊

教學設計巧在藝術，引導語設計藝術貴新穎、富創意，活化教學課程，使教學成效更彰顯，呈現多元化語文教學風貌。

「九年一貫」講究創新的教學方式，重視活潑的生動課程，給予教師許多揮灑創意的空間。教師為了達至教學目標，常會嘔心瀝血、挖空心思設計教學活動，希冀透過深入淺出的引導方式讓孩子們學習。引導語是攸關教學成敗的教學設計。好的引導語，能促使學生產生旺盛的求知慾和濃厚的學習興趣，促使學生主動的去獲得知識。所以，教師實應掌握引導語設計藝術。

一、引導語設計的基本要求

引導語設計肩負著重要的使命，便是盡量在字裡行間引發學生興趣，使所用的文句，盡可能擭住學生目光，捉住學生的心。所以，引導語應注意的基本要求有三：

（一）引導語的設計要有針對性

「針對性」是指針對教學內容形式設計及針對學生實際設計而言。針對教學內容形式設計，可從教學內容出發，內容則

盡量喚起學生情感，發揮「引而弗牽，導而弗抑」的功能；針對學生實際設計是須考慮學生年齡、配合認知心理發展、學生興趣愛好等，以說故事或遊戲吸引學生興趣。

（二）引導語的設計要有啟發性

強烈的學習慾望才是學生主動學習的動機，教師為使學生產生強烈學習慾望，便須運用啟發性教學，以滿足學生渴求知識和掌握知識的慾望，積極主動學習求知。

（三）引導語的設計要有趣味性

唯有笑的唇，才能帶著創意而來，課堂上充滿笑聲，學生願學、樂學，趣味性是絕對不可或缺的。趣味性能使課堂教學生動活潑，使教學活動充滿積極性。

二、引導語設計藝術的方法

引導語設計藝術方法有多種，筆者本文聚焦於國小語文教學較實用方法：

（一）故事式導語

故事式導語是採用寓意深刻的故事導入學習主題。孩子都喜歡聽故事，教師的教學語言繪聲繪色說故事，是學生喜聞樂見的引導語方法。如介紹「雙關」修辭時，可以運用「故事式導語」：

美國第 38 任總統福特說話時很喜歡用「雙關」。一次，他回答記者的提問時說：「我是一輛福特，不是林肯。」（林肯既是美國傑出的總統，又是一種最高級的名牌汽車；福特則是當時普通、廉價而大眾化的汽車。福特總統這樣說，一則表示自己謙虛，二則是為了凸顯自己是大眾喜歡的總統。）福特總統幽默的使用「雙關」，適時的讓緊張的氣氛詼諧不少。

又如介紹「誇張」修辭時，可說個幽默故事導入：

曾經有一群來自各國的年輕留學生，聚在一塊兒舉行「吹牛比賽」，介紹自己國家盛產的水果，並且公開投票，看誰是名副其實的「吹牛大王」。大部分的留學生都直接說出他們的水果是如何的甜、如何的香、如何好吃，如何的誘人……，讓人聽了千篇一律，有點呆板。只有一位台灣留學生吹牛最成功，最受歡迎，他說：「很多各國觀光客，都知道台灣的香蕉舉世聞名，然而就是沒吃過。有一次終於有機會到台灣旅行，興奮的一落地，第一件事就是衝去買香蕉。吃完了香蕉，立刻有一群蜜蜂圍繞他們的嘴巴飛，你們猜猜看，那群蜜蜂在做什麼？原來要準備釀蜜。」這位留學生的話甫說完，全場即報以熱烈掌聲，公認他是「吹牛冠軍」。

（二）懸念式導語

懸念式導語是教師結合教學內容，根據教學目標，將所講

授問題化為懸念，使學生產生追根究柢的探究急迫心理，或以提問引導學生產生豐富類比聯想。如：

> 小朋友，你對於圓不會陌生吧？在數學課上，在日常生活中，圓幾乎無處不在的伴著你，圍繞你左右，它真可說是你的好朋友了。
>
> 你想：圓像什麼？是像元寶？還是像月餅？是像爸爸的肚子？還是像小妹妹的臉蛋？是像空虛？還是像充實？是像一無所有，還是像豐滿充盈？是成功者的花環？還是失敗者的陷阱？是代表結束的句號？還是代表開始的零呢？每個人看同樣的「圓」，卻都有自己不同的想法。展開想像的翅膀，你說：圓像什麼？

自由聯想是語文教學的重心，以「懸念式」使學生產生好奇探索的心理。又如：

> 你有沒有這樣美麗的經驗？當我們漫步在花叢小徑，欣喜得發現小花在對著你招手，小草在向你問候。你有沒有這樣浪漫的邂逅？當我們徜徉在海邊傾聽浪濤，感覺大海正對著你唱出悠揚的樂曲，忽而低吟，忽而高亢，像極了一支交響樂隊。你想過嗎，為什麼世界充滿了如此美麗神奇的奧妙魅力呢？

(三) 引用式導語

引用式導語是引用語教學內容相關的名言、警句、詩詞、

成語、對聯導入新課，激發學習興趣。如：

> 人生一路，處處關「情」。親情、友情、愛情，無不讓
> 生命充滿感動與絢麗。「慈母手中線，遊子身上衣」是
> 親情的關愛；「海內存知己，天涯若比鄰」是友情的牽
> 掛；「在天願做比翼鳥，在地願做連理枝」是戀情的甜
> 蜜。

引用三句古典詩詞，為人生之「情」——親情（慈母手中
線，遊子身上衣）、友情（海內存知己，天涯若比鄰）、愛情
（在天願做比翼鳥，在地願做連理枝），畫下完美註解。

引導語還可由教師親自範寫，將教學內容之要點，以引導
語方式示範習寫，一來可提供為學生範例，二來教師可在實際
範寫過程中，掌握學生較難理解之處，教學時再加以釐清說
明，拉近師生距離，更能彰顯教學成效。例如介紹學生最難理
解的「映襯」修辭時，教師即可將「映襯」寓於引導語形式
中，如：

> 如果沒有壞朋友來做為比較，可能感覺不出好朋友的珍
> 貴；如果不是走過逆境，又怎麼會知道無波無擾的日子
> 其實得之不易。只有懂得人生好壞相參本質之後，也才
> 會懂得，真正令人心動的，不是錦繡大道上易凋的玫
> 瑰，而是崎嶇小路中偶遇的小花草。有人說：毛毛蟲是
> 醜陋的，然而，沒有醜陋的毛毛蟲，哪來的繽紛蝴蝶？
> 其實愈是平凡無奇的事物，愈能彰顯出真實深刻的意

義。有人窮極一生追尋幸福，然而，始終遍尋不著，始終覺得幸福好遙遠、好陌生。幸福在哪裡？要去哪兒尋找它？有人踏遍鐵鞋也尋覓不著，彷彿追求「幸福」事件很難的事。

其實真正的幸福，就是每天準時上下課，下課後能跟家人一起吃飯、看書、聊聊今天的心情……。看似平常例行的煩瑣小事，其實才是最幸福的事，是真正的「幸福」。原來，根本不用跋山涉水去尋找，「幸福」就在你身邊。

　　一堂成功的語文課，由引人入勝的引導語引發學生興趣，所謂「興趣是最好的導師。」掌握引導語設計藝術，教學才能生動有效，語文教學才能真正開展貴新穎、富創意的多元化面貌。

寫作的創意教學

✽ ✽✽✽ ✽

　　自從學生語文能力下降的警訊傳來，各界大鳴大放的嘩然討論，一時蔚為風潮，取而代之的是更多關注於語文教學的眼光，尤其是作文教學，更是奪去眾人眼光的耀眼之星。台北縣市紛紛增加一至二堂的國語課（台北縣本學年度正式明文規定國語課增加二節），希冀能從基層教育提升學子們的語文表達能力。

　　語文是國家的命脈，是學習所有學科的基礎，作文更是語文能力高度的綜合展現，它是一種「活化」的知識應用，是內心思維感知的轉化顯影，更是個人經驗反思的意義書寫。「情動於中而發於言」，作文既然是一種表達思想感情的產物，所以，每一個人應該都會寫文章，它應是始於文字的探索，終於生命境界的追尋。是故，筆者一直認為，寫作是沒有標準答案的，寫作是個人生命軌跡的紀錄，以書面記錄真摯實在的情感，以文字烘焙生活的點滴，為每個人所走過的曾經，留下深刻的感動。

　　增加授課時數真的能有效提升學子的語文能力嗎？這或許需要經過時間歲月的洗禮才能驗證。筆者在小學教育現場執教近二十載，深深相信，大凡有效能的好教學不是只光靠時數積累便能成就的，重要的是需先攫住學生目光，引發他的學習動

機與興趣，教學才能輕鬆而有效益。是故，生動活潑的創意教學便是挹注作文的首要大功臣，激發學子學習的慾望與新奇的創意，唯有揮灑創意，海闊天空的恣意想像，才能讓寫出來的文章新穎而深刻。

作文真有那麼難嗎？這是錯誤的刻板印象。許多孩子一看到作文題目便一個頭兩個大，或是不知如何下筆，或是文章呆板、文不對題，腸枯思竭想不出來，甚至思索著什麼樣的答案才是老師要的、才是標準的。要寫出一篇動人的好文章，不是先想「怎樣寫才是標準、正確的？」或是「我要寫『好』它」，而是如實寫出屬於個人心中真摯的情感與想法，每個人都是與眾不同的，個人經驗與歷練更是不盡相同，訴說的故事更是迥異，這便是創意的獨特性。寫出屬於自己的所思所感，文章才能生動深刻，文章唯有先能感動自己，才能感動別人。就作文教學來說，如果要求學生寫出「完美」的文章，其實就是加給「創意」的桎梏，換言之，要談寫作教學裡的「創意」，第一把金鑰便是要改變師生對寫作教學的態度，鼓勵孩子大膽勇敢的寫出自己。

創意是埋藏在人類腦袋裡的金礦，是我們與生便俱來的獨特超能力，可以變化出奇，可以「無中生有」、「有中生有」，閃耀智慧的光芒。愛因斯坦曾說：「想像力比知識更重要。」因為知識是有限的，而想像力是無限寬廣的，它比意志力強過幾百倍，概括著世界上的一切，推動著進步，並且是知識進化的源泉。作文教學就應引導學生思緒自由自在的發揮想像，把僵化制式的觀念丟掉，拋棄桎梏，讓想像力馳騁奔放，學會聯想，用「心」和「新」的角度看待世界，才能揮灑創意的種

子。

　　人若長時間生活在某一種文化下，對各種事物的看法就會固定化，這種固定化的枷鎖是創意的最大殺手，我們發展創意豐富的想像力，便要發揮聯想打破這層隔閡。當我們聯想時，思考方向可由事物的相似處、相近處、相對處展開聯想。將聯想的心理距離拉得越遠，創意的層次便會越高。例如：我們常說：「天氣好熱。」這是大家很熟悉的說法，屬一般敘述句。如果我們換成說：「火紅的太陽以他的熱情親吻了妹妹，在她的臉頰留下了二顆紅蘋果。」或是「天氣好熱，連風都不知躲到哪兒去避暑了？」將太陽擬人，親吻了妹妹的臉，所以妹妹圓潤潤的臉龐變成紅通通的，好像蘋果一般；或是連清涼的風兒都想躲去避暑，可見天氣真是熱到極點了呀！這樣的說法，是不是更具體生動，更形象化了呢？又如：「爸媽每天辛苦的工作，有時忙到連晚飯都沒吃。」描寫父母披星戴月的辛勞；若寫成：「我睡了，那碗飯還沒睡。」忙碌的爸媽直到夜深，「我」去就寢了，他們卻還未吃飯，讓那碗飯還「醒」著。這樣的說法是否更傳神的表達心疼父母奔波的辛勞？是否讓句子更能打動人心，傳達文字的美感與高度的創意呢？是故，海闊天空的聯想便是開啟創意的第二把金鑰。

　　運用聯想發展屬於自己的擴散性思維，這便是創意的獨創性。也就是說，創意應該是有獨特新穎性，當大家都普遍這麼千篇一律使用的時候，創意指數便下降了。聯想時要有敏銳的觀察力，找出它們的相似點，觀察事物之間的細膩處。這時，善用比喻是最好的，如「圓的聯想」，想到圓，你會想到什麼？

　　同樣的東西，不同的人看來，腦子裡會湧現各式各樣的聯想，正如一滴水，在各種彩燈的照耀下，會顯示出各種顏色一樣。「一千個讀者就有一千個哈姆雷特。」創意正是蘊藏這樣豐富多樣的源泉。如果把「圓」聯想成像「球、元寶、月餅、爸爸的啤酒肚、小妹妹的臉蛋……」這些具體的東西，這都是對的，都是有創意的。然而，若能想到「圓」像數字「0」，代表抽象的「開始」；圓像句號「。」，代表「結束」；甚至想到「圓滿、空虛、充實、一無所有、豐滿充盈、成功者的花環、失敗者的陷阱……」，這樣的聯想就將創意發揮得淋漓盡致，寫作的造詣與創意的指數就更高了。

　　好的作文，立足於知識的正確性，發皇於見識的深刻性，是高度語文能力的展現，必須從小紮根奠定基礎。值此知識經濟資訊爆炸的時代，過往的「背誦」和「記憶」已愈發不能滿足這創意的時代。掌握「寫出自己」、「聯想」二把金鑰，以文字來記錄生活平凡的感動，以聯想餵養澆灌，認真的把「胡思亂想」經營成「與眾不同的創意」。乘著想像的翅膀，帶著驚奇和創意快樂的去四處張望，以文字來烘焙情感，為生命留下一份美麗的紀錄，寫作會是一件幸福又美麗的事。

作文教學的省思

　　近幾年來語文教學的課程改革，重視學生基本能力與教師專業能力的培養。尤其是在作文教學方面，期望透過教學培訓，具體可行的教學策略分享，以厚實教師寫作的專業知能，讓師生進行有效的教學活動，讓寫作教學變得生動而饒富趣味。

　　筆者經歷幾場教學分享，在交流研討會場，現場有教師提問的內容令筆者有若干省思。是故，便將問題摘錄，將想法加以彙整說明，提供寫作教學另一個思考的方向。

問：能力指標中載明小四學生需具備：「寫出完整的句子」的能力。但教學現場我們要求小一學生即要完成一個完整的句子，這是否相違背？

答：筆者於演講中提到的是：教育部（歐陽教等，2001）於《我國中小學國語文基本能力指標系統規劃研究》精簡版中，在修辭方面要求小四學生要有「寫出完整的句子」的表現標準。是否與提問者所說要求小一學生即能完成一個完整的句子相違背？筆者並不做如是想。

　　首先，我們要先思考：何為完整的句子？其實，在低年級教學中，有簡單的主詞和動詞，即可構成一個完整的句子。如：「我餓了。」這已是個完整的句子。但進入到

中、高年級，我們希望學生的句子能長高長大變漂亮，可以把短句拉長，能變得更生動活潑有文采。如以「我餓了。」為例，將句子變成：「我餓得可以吞下一頭牛。」「我餓得頭昏眼花，四肢無力，差點站不穩了。」「我像一隻飢餓的狼，一看到食物立刻火速的飛奔撲過去。」一樣是完整的句子，表現出來的方式與效果卻不同。又如：「這碗麵真好吃。」這也是個完整的句子，若變成「這碗麵又香又辣，吃起來真過癮！」加上嗅覺和味覺摹寫以及類疊修辭，這麵好吃的味道和形象整個都鮮活了起來。

所以，結合形容詞和修辭技巧，能使文句變得更生動活化，表達的意思能更完整。學習本來就是一個螺旋型的架構組織，建立在已知的知識基礎上，再加以垂直或深化，做水平或縱深加深加廣的再學習。是故，筆者認為這並不相違背，猶如站在巨人的肩膀上，才能看得更深更遠一般。

問：在閱讀與寫作方面，我們也推動「班級共讀」來讓學生閱讀。但是，學生閱讀完後不見得能挹注於寫作，這該如何呢？許多學生喜歡閱讀翻譯小說，如《哈利波特》、《龍騎士》等，但學生翻閱得很快，只注意情節，而無法學習到文中優美的文辭，那樣是否無法達到閱讀的目標？

答：寫作需要大量的素材與構思，這靈感的來源即需要以廣泛的閱讀為基礎。寫作是離不開閱讀的，要提升寫作的能力，大量閱讀是不可或缺必備的關鍵。然而，閱讀後增進的能力一定能直接速成反映在寫作能力上嗎？筆者認為這二種之間的關係並非是絕對必然的。筆者在若干研討會場

也常會被問及：學生讀了很多，可是作文還是寫不好呀？
我想：閱讀是吸收他人智慧的精華，是儲存知識的能力，
這本來就是一種漫長的學習歷程。一如蠶吃桑葉吐絲一
般，是要循序漸進，並不能期待一加一立刻等於二呀！人
們懷孕也得有個歷程，需等待九個月左右才能分娩；一株
樹要長得特別高大，樹根就必須伸展得既深且廣。我們是
需要給孩子們閱讀的空間與自由的，我們是需要等待與包
容的。

閱讀是瞭望世界的窗口，它應該是一件令人著迷的事。當
孩子優遊於文本的殿堂，乘著想像的翅膀穿梭古今中外，隨著
故事主人翁馳騁天際、冒險犯難，共同經歷一個個驚心動魄的
旅程，沒有孩童是不被吸引的，這便是閱讀的奧妙。我們期待
孩子用閱讀當敲門磚，敲開知識的大門，首先就應該讓他們愛
上閱讀，喜愛與書成為知己好友。如果，我們要求閱讀有立竿
見影的立即成效，要求孩子只能讀我們認為「有用的」書籍，
要求每讀一本書就需背誦名言佳句、分析修辭技巧，就需完成
一篇讀書心得，達至若干的目標……試問：這樣會有哪個人喜
愛閱讀？如此一來，我們不僅壞了孩子閱讀的胃口，更讓孩子
對閱讀避之唯恐不及呀！

我很贊成日本所推行的的「晨讀十分鐘」。他們並不要求
孩子一定要讀什麼書？完成什麼？只期許老師和學生一起閱
讀，讀喜愛的書籍，享受閱讀的氛圍，浸潤在書香的花園。林
語堂先生說：「你帶孩子進圖書館，不必告訴他最好的果實在
那裡，他會自己去找。」讓孩子先接納書籍，感受閱讀的樂
趣，自然而然會從閱讀中學習到許多知識，終究會內化成自己

的養分，讓自己更壯大。讀《哈利波特》、《龍騎士》是想像力的馳騁，是與未知魔法世界的探險與拔河，它們對孩子一定是有若干的啟迪，我們就鼓勵他們「閱」讀、「悅」讀。

當然，班級共讀時，教師適時的閱讀策略指導，孩子的學習會更精進，語文表達能力會更進步。教師可以透過畫線、摘要、偵錯、預測、問答等閱讀策略，讓學生在遊戲中做一些簡單的小寫作或發表，讀寫結合獲得基礎的練習。

閱讀的四部曲是：閱讀→理解→內化→運用。孩子們的閱讀一定是先由接受性的閱讀，慢慢至發展性的閱讀，之後才能進入批判性的閱讀。我想：興趣是一切學習的開端，任何學習都需以興趣為後盾。先讓孩子快樂的讀，享受閱讀的樂趣，敞開心「悅」讀，這才是我們首要努力的目標。

限制式寫作題型的技巧

　　語文是學習一切所有學科的基礎。一如余光中教授所言：「語文是半徑，半徑有多大，文化的圓就有多大。」於是，各項閱讀結合寫作的運動，就在校園中如火如荼的展開了。

　　閱讀是寫作的基礎，從閱讀的訊息中提析寫作的規範和材料，能讓學生抓住重點，這也是目前許多應試作文流行的一個趨勢。目前有許多作文比賽或考試，是提供一段文章，請學生閱讀完內容之後，自訂題目，寫一篇作文。面對這樣的題型，該如何指導學生因應這方面的寫作呢？

　　筆者認為：寫作是強調創意的展發，故現在有許多限制式寫作的題型出現。例如根據所提供的材料或情境，自擬題目完成一篇文章。面對此題型，首先要斟酌並確定的是自己文章的指向。因為材料或情境傳遞的信息是多方面的，可以從不同角度思索。但要注意的是不能將多種立意都放在一篇文章中，一篇文章只能有一個主旨。若將材料或情境所提供的信息完全不加以選擇全數予以採用，只會使文章內容雜亂，主題不明。是故，當你經過斟酌，確定了文章主旨時，其實就如同你即將為射出的子彈選中了靶心，找到了重點。剩下的就是怎樣精心準備，仔細瞄準，讓子彈命中靶心了。

　　至於題目的訂定當然是很重要的。為文章下一個好題目，

能為文章畫龍點睛，使作品更能吸引人，引起閱讀的欲望。那麼，要如何指導學生訂一個好的題目呢？

為文章訂一個生動漂亮的題目，實在絕非易事，它牽涉到作者本身的語文素養與修辭能力。能為文章訂一個適當又漂亮的題目，作者寫作文章的素養與功力絕對是不差的。如何為文章訂一個響亮又引人的題目呢？筆者建議應該善用修辭技巧。例如主題以寫「我的爸爸」、「我的媽媽」為例，可以善用比喻，讓題目成為「超人爸爸」、「八爪章魚媽媽」、「神奇魔術師」；或是利用誇飾「我的媽媽有八隻手」來敘述母親的忙碌辛勞；或善用轉化「微笑的太陽」……這樣的題目是否比「我的爸爸」、「我的媽媽」還要更生動、更具體形象化呢？

筆者曾經以我的父親為題寫過一篇文章，訂的標題是「原來，萬里長城也會老」，即是善用了比喻和轉化技巧，將父親比喻為永恆的屏障──萬里長城。文中敘及從沒想到頭上為我頂著那片天的那條巨龍──父親，竟然也會老，一如日漸傾圮的長城；但長城即使肌理斑駁，在作者心中，那還是一條永遠昂揚於歷史中，屹立不倒的偉大巨龍……。

又如，另一篇文章：「定居的候鳥」，筆者即是使用映襯技巧為之命題。候鳥應是隨著氣候南北遷移，尋求溫暖懷抱的，怎會定居呢？乍看是矛盾的。然，筆者認為當候鳥不再遠颺，甘心情願的定居在某處成為「留鳥」，那麼，必然是那個城市有神奇的魔力繫住了它，必然是那個城市留下了它的心，它已把那兒視為「家」，真正的「家」。心在哪兒，家就在哪兒。是故，以「定居的候鳥」為題，敘述漂泊的人兒找到溫暖的根，不再流浪。「定居的候鳥」這樣的題目，是否比「心的方向」

更具巧思呢？

　　換言之，要為題目尋出創意的火花，裁製一身美麗新衣裳，就需善用修辭技巧，方能與眾不同。修辭是語言藝術之花，以陌生化的語言讓人眼睛一亮，令人耳目一新，讓題目閃亮鮮活起來。

寫作教學的視角練習

　　在語文教學或寫作中，學生接觸的第一個敘事角度，通常是「第一人稱」的「我」。隨著年級漸長，在語文表達訓練或寫作教學時，我們會希望讓學生轉換視角，以「第二人稱」、「第三人稱」等不同視角練習寫作，豐富寫作歷程。但近來卻有任教於中學的老師們來函問道：現在的中學生，慣以第三人稱寫作，反而不會以第一人稱書寫，在指導上造成困擾。

　　筆者認為：讓學生以不同視角練習寫作，是提供不同思維與方向，使學生知道看待事物的角度是多元而豐富的。在不同人稱的敘寫中，以「第二人稱」書寫對中、小學生而言是最艱難的。學生需要比較多的範例與學習空間，才能轉換以「你」的思維看待事物。

　　然而，第一人稱中的「我」是較具體簡單的，中年級小學生能完成的篇章寫作，幾乎都是以「第一人稱」書寫，由身邊具體的人、事、物開始寫起，有觀察的具體對象，提供寫作的材料，才能培養敏銳的思緒。中年級小學生因其認知心理發展還處在具體邏輯思維階段，尚未完全過渡到抽象思維，故以「第三人稱」敘述稍有難度。但到了中學階段，抽象思維發展漸趨成熟，是能以「第三人稱」敘事的。提問的老師所提的中學生不會以「第一人稱」寫作，筆者認為或許是學生開始不慣

以「第一人稱」書寫，而並非不會；亦即乃不為也，非不能也。

散文的書寫常會讓人有種錯覺，認為文章的內容即是作者自己親身的經歷寫照。筆者揣想：青少年在成長的尷尬階段，或許不願意在文章中太表露自己的想法，將自己暴露在大眾之下，造成對號入座的聯想。其實，包括許多散文名家，也常會有讀者將之文學創作的情節與作者本身實際生活產生直接連結，而產生若干困擾混淆。散文創作固然有許多親身經歷的描繪，但也有若干文學創作手法或深厚的情感可以投影在文章內。筆者認為，中學生既然能以「第三人稱」敘事，便應有以「第一人稱」書寫的能力。

寫作時，鼓勵學生盡量寫出自己想說的，表達內在真實情感為要；至於書寫的不同角度，只是文字表情達意的手段罷了，文章情真意切是最重要的。

如何寫出有創意的好文章

　　文章要寫得好，便要握住創意的鑰匙。創意是埋藏在人類腦袋裡的金礦，是我們與生便俱來獨特的超能力，可以變化出奇，可以「無中生有」、「有中生有」，閃耀出智慧光芒。所以，想寫出有創意的好文章，便要乘著想像的翅膀遨遊飛翔，仔細觀察，豐富閱讀，用心體會，創意便會如源源清泉般，讓你的文章「活」了起來。

　　文章若要寫得文采、情采兼具並有獨創性，第一把金鑰就非想像力莫屬。一如愛因斯坦（Albert Einstein）說的：「想像力比知識更重要。」（「Imagination is more important than knowledge」因為知識是有限的，而想像力是無限寬廣的，它比意志力強過幾百倍，概括著世界上的一切，推動著進步，並且是知識進化的源泉。想像的世界是如此無垠寬闊，寫作時就讓思緒自由自在的發揮想像吧，把僵化制式的觀念丟掉，以文字來記錄內心真實的感動。要知道寫作是沒有標準答案的，每一個人的生活經驗和歷練是不盡相同的，唯有用純真的心和新的角度看待世界，才能揮灑創意的種子。

　　要讓想像力馳騁奔放，便要拋棄桎梏，學會聯想。人若長時間生活在某一種文化下，對各種事物的看法就會固定化，這種固定化的枷鎖是創意的最大殺手，我們發展創意豐富的想像

力，便要打破這層隔閡。當我們聯想時，思考方向可由事物的相似處、相近處、相對處展開聯想。將聯想距離拉得越遠，創意的層次便會越高。例如：我們常說：「妹妹的臉紅紅的，好可愛！」這是大家很熟悉的說法，屬一般敘述句。如果我們換成說：「妹妹的臉像紅蘋果一般，好可愛。」或是「火紅的太陽以他的熱情親吻了妹妹的臉頰。」將妹妹圓圓紅紅的臉聯想成圓圓紅紅的蘋果，或是將太陽擬人，親吻了妹妹的臉，所以妹妹圓潤潤的的臉龐變成紅通通的，這樣的說法，是不是更具體生動，更形象化了呢？發展屬於自己的、新奇新穎的擴散性思維，這便是創意的獨創性。也就是說，當大家都這麼千篇一律普遍使用的時候，創意指數便下降了。創意應該是有獨特新穎性，是與眾不同的。又如：「山被狂風暴雨襲擊著。」如果我們將山聯想成是有感情的，加上一些心情感受，變成「山堅強的忍受著狂風暴雨的襲擊。」或是「無情的狂風暴雨襲擊著沈默的山。」可憐的山正被狂風暴雨折磨的情境就躍然紙上，我們彷彿見到堅韌的山正承受恐怖的折磨，這樣的說法是否讓句子更能打動人心，傳達文字的美感與高度的創意呢？

　　聯想時要有敏銳的觀察力，找出它們的相似點，觀察事物之間的細膩處。這時，善用比喻是最好的，如「圓的聯想」，想到圓，你會想到什麼？先看看下面這一段引導語：

　　　　小朋友，你對於圓不會陌生吧？在數學課上，在日常生活中，圓幾乎無處不在的伴著你，圍繞你左右，它真可說是你的好朋友了。

　　　　你想：圓像什麼？是像元寶？還是像月餅？是像爸爸的

肚子？還是像小妹妹的臉蛋？是像空虛？還是像充實？是像一無所有，還是像豐滿充盈？是成功者的花環？還是失敗者的陷阱？是代表結束的句號？還是代表開始的零呢？每個人看同樣的「圓」，卻都有自己不同的想法，想到的都不一樣，這就是想像的樂趣。請展開想像的翅膀吧！相信你能以圓作為某種象徵，想出與眾不同的「圓」。

　　同樣的東西，不同的人看來，腦子裡會湧現各式各樣的聯想，正如一滴水，在各種彩燈的照耀下，會顯示出各種顏色一樣。人的創意獨特性決定了：不同的人對同一事物的理解差異是很大的。「一千個讀者就有一千個哈姆雷特。」創意正是蘊藏這樣豐富多樣的源泉。如果把「圓」聯想成「球」、「餅」、「爸爸的啤酒肚子」這些具體的東西，這都是對的，都是有創意的。然而，若能想到「圓」像數字「0」，代表抽象的「開始」；圓像句號「。」，代表「結束」；甚至想到圓滿、空虛、陷阱……，這樣的聯想就將創意發揮得淋漓盡致，語文造詣與創意的指數就更高了。

　　有創意的好文章不是隨便從腦袋裡蹦跳出來的，要用好奇心餵養，仔細觀察為澆灌，創意會不斷在腦海湧現綻放，就能開心成就具有創意的好文章。寫作文真有那麼難嗎？這是錯誤的刻板印象。只要多加練習，花點巧思，誰都可以輕鬆寫出好文章。以吊單槓為例，大概沒有孩子第一次便可以輕鬆做上十下，但若每天持續做一點點練習，手臂會慢慢變得有力量，要做上十次，也就指日可待了。寫作一如吊單槓，想要成就一身

寫作好功力，就要多觀察，多細膩用心，發揮想像，努力不懈習寫，一個從不努力提筆的人，絕不可能幡然醒悟寫作技巧，立即能寫出好文章的。

天真無邪的孩子總是睜著一雙充滿好奇心的大眼睛。好奇心是學習最佳的動力，閱讀是豐富學習的最佳窗口，創意更是孩子心靈最珍貴的資產。讓孩子用新穎的眼光，細心的角度看世界，再佐以有趣的閱讀培養出很棒的創意。讓孩子遨遊在書海的天空，激發孩子無限的想像力。閱讀時，想想看，故事如果改成……會變怎樣呢？可以將成語、寓言故事或童話故事改寫，主角的個性可以改造，主角的背景或行為可以改變，故事的結果可以不同……，新編的內容製造出新的情節，編織創造出新的故事。一面閱讀，一面利用續寫或改寫變化文章或故事內容，不僅讓閱讀變得有趣，在寫文章時，更能捕捉創意，發揮靈動神筆寫出創意好文章。所以，多用細膩心看世界，敏銳觀察，豐富閱讀，多拿起彩筆練習寫作，便是第二把金鑰。

作文是高度語文能力的展現，必須從小紮根奠定基礎。資訊爆炸的時代，過往的「背誦」和「記憶」已愈發不能滿足這創意的時代。「創意」是「創造新的意念」，是來自連串的「驚喜」，而「驚喜」的精粹則是源自我們心中真實的感受。掌握「聯想」和「多練習」二把金鑰，以文字來記錄這些生活平凡的感動，認真的把「胡思亂想」經營成「與眾不同的創意」，把驚奇和創意丟進我們的生活裡，乘著想像的翅膀，帶著我們快樂的四處去張望。以文字來烘焙情感，為生命留下一份美麗的紀錄，篇篇都會是有創意的好文章。

「排比」修辭教學教案（簡版）

教學領域	本國語文	教學年級	六年□班	教學者	陳麗雲 老師
單元名稱	排比修辭	資料來源	自編教材		
教學日期	年　月　日	教學時間	2 節　(80 分鐘)		
能力指標	F2-8-2-1 能理解簡單的修辭技巧，並練習應用在實際寫作。 F2-10-2-1 能在寫作中，發揮豐富的想像力。				
教學目標	1. 認識排比修辭技巧，掌握排比修辭要點。 2. 熟悉排比修辭特色與對文章的作用。 3. 能使用排比修辭造句、完成一小段作品。 4. 能發揮團隊精神，經過腦力激盪，使用排比修辭創作「創意隊呼」。 5. 喜愛語文，發揮語文創意，讓語文教學生動活化。				
教學流程	一、透過 ppt 讓學生欣賞短文，感受排比修辭藝術魅力。 二、教授學生排比修辭要點： 　　1.「山朗潤起來了，水長起來了，太陽的臉紅起來了。」「雨是最尋常的……像牛毛、像花針、像細絲……」（朱自清〈春〉），像這樣連用三個或三個以上結構相同的語句表達內容，就是「排比」。 　　2.「排比」要有誠摯動人的內容，才能感情洋溢；千萬不要生拼硬湊，變成文字堆砌遊戲，反而會如酒中摻水，降低品質。如：「藍色的天空，綠色的草地，紅色的花朵。」表達不完整，若修飾成：「藍色的天空，綠色的草地，紅色的花朵，大自然真是神奇呀！」句子要表達的意義將會更完整具				

體。

3. 「排比」有的是內容全部列舉，有的是列舉一些重要的，留有一些弦外之音，在句末可用刪節號（……），讓它餘韻無窮。如：

> 這場大自然的音樂會中，我們可以聽到滴滴答答的雨聲、淅瀝淅瀝的流水聲、啁啁啾啾的鳥叫聲、……真是美妙。

4. 「排比」最好能注意先後秩序的安排，除了並列關係的材料不必要求明顯的次序外，連貫、遞進、因果等的關係都應注意時間、空間、範圍大小、程度深淺或邏輯次序妥善安排。換句話說，可以結合「層遞」。如：「歌唱聲來了，笑聲也來了，快樂也來了。」

5. 區分「排比」和「對偶」，最簡單的是「排比」是三句以上，而「對偶」只有二句。如：「慈母手中線，遊子身上衣。」這是「對偶」；「慈母手中線，遊子身上衣，思親心中淚。」才是「排比」。又如：「在天願做比翼鳥，在地願做連理枝。」亦是「對偶」；「在天願做比翼鳥，在地願做連理枝，在海願做比目魚。」這樣節奏和諧的三句連接才是「排比」。

三、使用「腦力激盪法」，進行「排比」。

1. 學生分組，利用腦力激盪法團體創作創意隊呼。（附件一）

2. 學生分組輪流上台表演創意隊呼，展現團體發揮創意。

3. 票選最佳表演組，全班予以歡呼鼓勵。

四、統整活動

統整排比修辭的要點與特色，加強運用排比能使文章印象深刻，具有強化的功能。

（附件一）小試身手展功夫：排比修辭學習單

在上許多課的時候，為方便課程進行，小朋友都會分組活動。同組的組員就是一家人，要有同舟共濟的精神，要「有福同享，有難同當」。「隊呼」象徵著各組的靈魂，是各組精神力量的象徵，可以增進大家的向心力，聯絡組員的感情。所以隊呼很重要。集合大家的金頭腦創造「隊呼」之前，要注意須使用「排比」，強化各組隊呼的精神強度，而且念起來還可有韻律喔！

小朋友，也為你的組取個響亮特別的名字吧！再為它創作出鏗鏘有力的「隊呼」，最好能配合有韻律的動作讓你們的「隊呼」更動感喔！金頭腦，加油吧！

創意隊呼比賽

貼心小叮嚀：小朋友在創作「隊呼」時，可強調出自己的隊名，句子不用太複雜、太長，句式盡量接近，要用「排比」形式；也可用「類疊」加強反覆提高對自己隊名的印象。

面的開拓

作文教學的修辭藝術

一、前言

　　文章始於意而成於辭；亦即文章始於立意，而成於修辭。要充分表達作品思想情意，必須重視語言的錘鍊、辭采的藝術加工；換言之，一篇好作品，發自內心真摯的情感之餘，更須用文學的語言加以修字潤辭，這便是修辭的藝術。修辭具有神奇的魔力，能讓文章由平淡無奇邁向絢麗多姿，臻至文學美層次。

二、作文教學與修辭

　　劉勰《文心雕龍・情采》云：「言以文遠，誠哉斯驗。心術既形，英華乃贍。」文章因有文采，才能流傳千古；寫作文章善用修辭藝術，將能使文章更顯其瑰麗多姿。

（一）作文教學

　　作文，是一門書寫的藝術，是一門生命學問的彰顯，是透過語言文字描繪心靈的世界，展現生命內涵；是人們將最精妙的哲理、深邃的智慧，透過語言文字互動產生激盪。是故，作

文不應只是文字與紙張的交織,更應是澎湃情感抒發的窗口。

　　既然作文是以書面語言的形式來表達思想感情的產物,是反映語文能力的窗口。是故,寫作文章就必須有真實情感與豐富體驗為基礎,所謂:「情動於中而發於言」,就是這個道理。作文亦是語文能力高度綜合的展現,是集合了所有運用的能力,匯聚成文字後呈現。是故,寫作的表達就必須憑藉文辭修飾藝術,使文章生動具體、深刻活化、充分貼切的表達思想情感。天真的孩子們生活體驗往往不夠豐富多元,無法寫出寓含深刻的文章,伸出旁通廣博的觸角。是故,進行作文教學時,即需輔以閱讀豐富見聞,活化知識;佐以修辭藝術鍛鍊筆頭,提升寫作表達能力。

(二)修辭藝術

　　修辭是臻美的藝術,是文字美學,講究的是「好不好」,重視的是「美不美」。修辭是讓語文表達由「說得正確」臻至「說得好」、「說得有理而妙」的層次。

1. 區分修辭教學與修辭學

　　「修辭教學」源於「修辭學」,然「修辭教學」不等於「修辭學」,各有其訴求與目標;前者重實務,貴活用;後者重理論,講系統。如下圖:

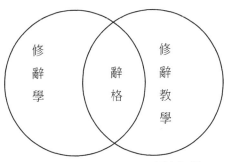

（張春榮，2005：10）

現行國小語文教學中，修辭教學是未見序列性與系統性，這是非常可惜。[1]筆者認為修辭教學宜「抓重點」，「學精采」，把握重要修辭知識，確實運用。在國小作文教學中，應善用修辭教學，要將修辭理論（修辭學）應用於實際教學實踐（修辭教學），讓深奧的修辭理論化為簡易的修辭藝術，增潤文章趣味華采的情韻。

2. 修辭格

修辭格是修辭學中研究得最燦爛的精華，故一直有「辭格中心論」的論述。作文教學中，巧妙運用修辭格，會使文章語言文采煥然，瑰麗多姿。修辭格是修辭教學最重要板塊，在作文教學活動中，教導學生運用適切的修辭格描寫或說理事物，加深擴展學生的修辭觀念，釐清各個修辭格範疇與固定格式，

1　陳麗雲（2006）認為：「修辭教學，若只停留在修辭格僵化的辨識，制式理論的說明，靜態分析修辭格數量的起伏，對語文教學及對修辭格教學都是困乏而不足的，是縮小了『修辭格』的內涵，使多采多姿、興趣盎然的修辭格教學，內容變得片面狹窄、枯燥乏味，將修辭格教學引入誤區。」

提升學子語文質量，讓學生利用修辭格寫出優美有情味的作品。

3. 修辭的功用

修辭是文字語言的美容師，王力（1981）曾道：「若拿醫生來做比喻，語法好比解剖學，邏輯好比衛生學，修辭好比美容術。」修辭可以將內心的意念訴諸於文字；可以將蘊藏的情感透過文字澎湃的展現。大凡字句、篇章的欣賞與創作，藉由修辭能行雲流水的表情達意；藉由修辭能使主題清晰明顯，引起讀者共鳴。是故，修辭是以形象化的語言，陌生化的方式，能精準而生動的將作品展現；換言之，文章中使用善用修辭藝術，將使整個文章「活」了起來。

三、修辭藝術的運用：以審題為例

作文教學離不開修辭藝術，舉凡由「審題」開始，至文章破題、選擇材料、構思等等，都能利用修辭藝術將文章深刻活化，提升拓植表達層次，臻至文字美學。以「審題」為例，許多題目中就兼含修辭，理解真正的意涵後，深入發揮內在含蘊，才能拓展題意，準確扣題，出奇制勝。

（一）題目含「比喻」修辭

如「橋」、「園丁」、「腳印」「大海與水滴」、「千里之行，始於足下」、「我的老師是超人」、「疾風知勁草」……等等。

以「橋」這個題目為例。可寫具體而有實用性的橋，可寫

歷史上美觀、有紀念性的橋。如「清明上河圖」的拱橋、盧溝橋、朱雀橋。然而如果只寫橋的形狀，這僅是一般具體化的外在思考，只寫出表面的意義；若能加以延伸思考：「橋」的功能是溝通，讓你能到達彼岸，跨越障礙，到達遠方。所以，還有無形的橋──「心橋」，讓我們和親人、朋友溝通感情，這樣的思考已由具體進入抽象，能寫到內在的含意，已屬可貴；若還能更深入的想到：「橋」的溝通功能可以跨越藩籬，不僅只限於空間，還能穿越時間，穿越古今中外、歷史文學。我們能透過「橋」和古人對話，能和李白把酒言歡、吟詩賞月；可和杜甫共憂國事、慷慨激昂；可和王維暢遊山水，恬淡自適；⋯⋯。透過「橋」能和國際接軌，了解社會脈動。所以，幫助我們和創作者溝通的作品也是一種「橋」。那麼，「《論語》是我們認識孔子的橋，「沈思者」是我們認識羅丹的橋，「命運交響曲」是我們認識貝多芬的橋。」、「書籍（閱讀）是通往知識的橋樑。」「手機電話是和世界接軌的橋。」將「藝術」、「音樂」、「書籍」（閱讀）、「手機」比喻成「橋」，這樣的寫法，由有形而無形，由具體至抽象，才能深化延伸，拓展題意。

　　綜上所論，審題時透過「比喻」修辭的虛實轉換、抽象與具體相互為喻，以新奇創意解題，深入捕捉義蘊，寫作的格局當會提升，寫作的視野將會更寬闊。

（二）題目含「轉化」修辭

　　如「當逆境迎向我時」、「擁抱幸福」、「春天在路上了」、「榜樣」⋯⋯等等。

以「春天在路上了」為例，常見的「春神來了」、「拜訪春天」都是轉化，「春天在路上了」以轉化更生動描摹春天活潑的形態。又如：「春天就這樣扭著屁股走來了。」透過「轉化」將春天人性化，春天活潑的形象躍然紙上。又以「榜樣」為例，所謂榜樣乃是值得學習的典範。一般容易的寫法是以先聖先賢為榜樣書寫；最直接的也或以發揮大愛、努力不懈的人士為學習效法的對象，或是以親人或老師為其榜樣。然而，若利用「轉化」修辭轉化事物的特質與屬性，如「水」。水因器而成形，不受所限，亦不為所傷。所以，「柔軟的水有氣度，擁有寬闊大度量，是值得學習的榜樣。」這樣的思考是否更能跳脫出一般寫作的窠臼藩籬，文章的角度更深刻富創意？

（三）題目含「雙關」修辭

如：「一葉不掃、何以掃天下」、「回家」……。

《說文》：「家」，「居」也。本意是「人所居」，是指遮風避雨的居住屋舍。以 93 年度指考題目「回家」為例，當時的滿分作品就相當令人矚目。作者虛構自己位居經貿中心曼哈頓，是身著高級套裝的成功人士，心中卻牽掛位於荒山野嶺原住民部落的家。他寫道：「只要回家，我就能找到自己的根；只要重溫母語的搖籃曲，就不再夜半驚醒；只要深吸一口自然的土腥氣，近鄉情怯的心疾，就不藥而癒……」當他真的踏上夢寐的土地時，「遇雨就泥濘滿地的山路已鋪上柏油；參差蓊鬱的樹林，全成了整整齊齊的人造林；水泥樓房取代了昔日的石板屋，不時飄出的配樂笑語我並不陌生，是俚俗的鄉土肥皂劇，天線與電纜將它們引入後山。」作者只能納悶的問：「我

回家了⋯⋯但是，這個失去了野性活力的部落，真的是我的家嗎？」這篇文章中的「家」，不僅指居住之有形屋所，更直指心靈的故鄉，沒落的山林文化。這個「回家」，便是一語雙關，透過意義雙關對家鄉的山林文化提出深情關懷，痛惜失去族群心靈寄託，引發深刻的迴響。

四、結語

美妙的語文總是吸引人，令人陶醉，讓人咀嚼再三、流連忘返。為增加文章文采、深刻生動、表達情感與加強說服力，寫作需善用修辭藝術。修辭是妝點文學美容師，讓原本平淡無奇的文句，剎那間變得瑰奇絢麗；修辭是童話中具有魔力的魔棒，一碰到哪兒，哪兒就產生奇幻的變化，能將哪兒化腐朽為神奇。寫作時運用修辭藝術，可單格使用，更可修辭格連用及兼格使用，融會貫通，發揮其最大的表達效果。

修辭藝術除運用在審題方面，更可運用在立意、破題、段落開展、文章過渡等等面向，運用修辭藝術讓作文教學更具綽約風姿。文章要邁向臻美層次，就需善用修辭藝術，表現語文優美雅言，展現文字豐富義蘊，開展學子語文智慧。筆者相信，只要教學者用心設計修辭課程，「寓教於樂，寓智於美」，作文教學將更生動活潑，修辭將是孩子們邁向語文藝術天地的最佳門徑。

參考書目

王力（1981）。中國語言學史。山西：人民出版社。

王希杰（1983）。語言的美和美的言語。濟南：山東教育出版社。

李建榮、陳吉林（主編）（2002）。小學作文教學大全。成都：四川大學出版社。

張春榮（1993）。一把文學的梯子。台北：爾雅出版社。

張春榮（2005）。國中國文修辭教學。台北：萬卷樓圖書公司。

陳麗雲（2006）。國小高年級修辭格創思教學之探究。台北教育大學語文教學碩士班碩士論文。

萬永富（1989）。小學生語文手冊。瀋陽：遼寧少年出版社。

國小高年級修辭格創意
教學研究

＊ ＊＊＊ ＊

（此篇論文發表於 2005 年 10 月 20 日，教育部主辦，崑山科技大學承辦之「創造力與創新教學論文研討會」）

知識經濟（Knowledge Economy）時代是一個以「腦力」決勝負的時代，[1]創造力（creativity）是其重要指標，創新、創造、創意是決定國家發展的主要動力及必備能力，創新是知識經濟競爭的核心，要具有競爭力，就要有創造力。體現於教師身上便是「創意教學」（creative teaching；使教學更具創意、新意及富有變化）和創造力教學（creativity teaching；如何培養出有創造力的學生）的實踐。

修辭格本身就是具豐富創意的語言表達方式，本文旨在透過「修辭格創意教學」之創思教學設計，讓莘莘學子能善用修辭、植根深化，欣賞中國語文含蓄經典之美，浸泳在真情動人的章句中，提升我們的新一代學子創意能力，培養創造性思維；開展語文智能，展現優質文化涵養。

---

1 知識經濟的顯著特徵有三：一是經濟發展可持續化，二是資產投入無形化，三是世界經濟一體化。故知識化、創新化、全球化是其重要指標。

一、緒言

（一）研究動機

　　基於「九年一貫」對本國語文的基本理念：「旨在培養學生正確理解和靈活應用本國語言文字的能力。期使學生具備良好的聽、說、讀、寫、作等基本能力，並能使用語文，充分表達情意，陶冶性情，啟發心智，解決問題。並培養學生有效應用中國語文，從事思考、理解、推理、協調、討論、欣賞、創作，以擴充生活經驗、拓展多元視野、面對國際思潮。進而激發學生廣泛閱讀的興趣、提升欣賞文學作品的能力，以體認中華文化精髓。」基於對修辭格教學內涵的正視：修辭學並不等同於修辭教學；修辭格教學亦不等同於修辭格靜態的辨析、修辭格數量的起伏。筆者認為，要提升學生的語文能力、要培養學生創意思維、要提升學生語文質量，將可從「修辭格創意教學」入手。

　　黃麗貞（2004）謂：「目前台灣修辭學研究，在理論上，大多數都以各種修辭格（即修辭方法）的認知為基本，這當然是正確的途徑；但在了解了各種修辭方法之後，應該要將這些方法作實際的運用。」（頁 624）且修辭格本身就是饒富創意的語言表達方式。職是之故，修辭格教學須與創新教學實務接軌，以創造力提振教學品質。本文根據《創造力教育政策白皮書》中推動原則：「融入原則，創造力課程與教材應融入各科教學」，與推動策略：「鼓勵教師研發創造力之教材教法，進行

有關創造力培育之行動研究」，從理論與教學設計角度來探討創思技法融入修辭格教學。

(二) 研究目的

1. 了解目前國小高年級使用的教科書中，出現較頻繁的修辭格類型；開啟兒童對「修辭格」的認識，理解運用修辭格的技巧，修潤辭藻。

2. 以創意教學提高語文教學的興趣和效益，使教與學都能愉快而有效，寓教學於遊戲，學生喜愛修辭，加強語文教材的趣味性。

3. 培養兒童創造性思維，讓語文教學活潑化，提高兒童語文表達能力，發揮豐富的想像力並激發寫作的興趣，培養創造性的人格。

(三) 研究方法

由於修辭是由「語言表達的規範」出發，邁向「語言表達的變異」。因研究修辭，首重「相互比較法」，見其「變異」、「超常」的所在；次重「創思教學法」，經由「創思」、「創意」的突破，開發語言表達的生動性、深刻性。至於在文獻探討及語料的實施上，運用「文獻分析法」析其材料，以啻取先進智慧。

1. 相互比較法

事物的普遍聯繫性和異同性是相互比較法的客觀物質基礎。有比較才能有鑑別。呂叔湘（1983）謂：「一切事物的特點，要跟別的事物比較才顯示出來，語文也是這樣。」區分事

物的異同，第一步就是比較，它既是一種思維方式，也是一種
具體的研究方法和教學方法。

2. 創思教學法

潘仲茗（1994）指出：「語文課堂教學中特別重視語言與
思維能力培養。」[2]張春榮（2004）亦云：「修辭是語文豐富想
像的開拓，高度悟力的綜合展現，以精確為本，以新穎性（陌
生化）為上。」其說法無疑與創思教學理論相互輝映，可見修
辭教學與創思教學之息息相關、密不可分。

3. 文獻分析法

將所主要從台灣、香港和大陸目前可蒐集到的專書、報章
雜誌、博碩士論文、研討會論文集、期刊論文、雜誌，及相關
網路資源，進行資料之整理、閱讀統整和分析。

二、文獻探討

語文教學應是一種教來使人感到愉快的藝術，修辭格創意
教學是創造美感、提升創意、提高教學效果的上課藝術，「寓
教於樂，寓智於美」是語文的教學原則，「語文教學的進一步
發展，就要走上修辭學、風格學的道路。」（呂叔湘，1983）
是故，修辭格教學結合創思技法的研究，當能激發課堂語言創
意藝術之花。

---

2 潘仲茗（1994）：「關於知識與發展智力、培養能力。不再把課堂看做單純傳授知識
的講壇，在學習知識的基礎上，特別重視發展智力、培養能力。語文課堂教學中特
別重視語言與思維能力培養。」〈談語文課堂教學改革〉，載於《中文教育論文集》
上冊。

（一）修辭格教學的意涵

「修辭教學」源於「修辭學」，然「修辭教學」不等於「修辭學」，各有其訴求與目標；前者重實務，貴活用；後者重理論，講系統。「修辭格教學」為「修辭教學」重要板塊之一，應在遊戲中親近，在練習中領會，在生活中妙用。九年一貫的修辭教學，不再是傳統「修辭學」的全盤托出，而是取經用宏，重新設計，養成學子語文創意表達能力的最佳媒介。

胡性初（1994）指出：「不論是大陸還是香港，都沒有把修辭教學提到語文教學的重要位置上，都是以修辭格的辨識為中心的教學模式。這其實都是把修辭當作語文教學中的一種點綴，從而，把修辭教學引向了誤區」。台灣地區亦然：修辭只是語文教學中的一個小小點綴品，老師強調的是「分析這屬於何種修辭格？」可見若希冀學生將所學得的語文知識運用在生活和各種處理問題的能力，必須在整個語文教學過程中，始終重視修辭教學。

修辭教學並不僅限於修辭格，其包含的層面既寬且廣，欲探究其深奧須分多方面一一探討。修辭格是修辭中最重要的一板塊，黃慶萱（2002）認為研究修辭，「以辭格為重心，在理論上，是可以充實而臻圓滿的。」（頁 908）他對修辭學發展的「前瞻」中亦提出：「建立以修辭格為重心的修辭學。」（頁916）是故，本文之修辭教學研究聚焦於修辭格教學，餘暫不論。

中西方的修辭學，長期以來都是以修辭格為中心。[3]八十年代以後，修辭學蓬勃發展，論著如雨後春筍，不斷湧現。其中有不少學者探索新思路，改革或增添了修辭學的傳統內容及研究方法；然有一點沒有變：就是未曾忽視修辭格的重要地位。甚而，最具修辭特色的修辭格，不但廣泛存在，而且有了新的發展天地。

修辭格存在於小學各冊的國語文課本之中，但如何教修辭格卻無具體做法。什麼年級的學生應該學會什麼修辭知識和技巧則毫無計畫；運用修辭技巧，鑑賞修辭佳句，幾屬空白；教與學脫節，這種現象亟須從速改變。筆者認為：要充分發揮國語文的實際生活作用，培養學生語文創意，必須加強修辭格創意教學與研究。是故，建立完整又有趣的修辭格教學創意課程，勢在必行。

(二) 修辭格教學的現狀及改進辦法

修辭格教學在小學語文教學中相當重要，然現今在小學中未能真正走上修辭格教學之路，甚至修辭格教學在小學中尚未全面開展。國內學者及教學現場的教師們，重「修辭學」，不重「修辭格教學」，致使修辭格教學產生誤區。其原因雖是多

3　如：唐鉞《修辭格》以「修辭格」為對象，論述了五類二十七格，陳望道稱之為修辭學的「先聲」。陳望道《修辭學發凡》更是我國現代修辭學奠基大作，以「修辭格」為中心，詳細論證四類三十八格，對修辭格的特點、作用及它們之間的聯繫和區別，分析得尤為周密，由此建立修辭格的科學體系。黃慶萱《修辭學》分三十章詳細論證了三十個修辭格，幾乎佔全書百分之九十以上的篇幅。姚亞平（1997）《當代中國修辭學》謂：「《修辭學發凡》最精采部分之一也就是它的修辭格研究。」（頁 215）所以才會形成「辭格中心論」，因為修辭格研究能集中而典型的體現形式化、概念化、類別化等學術特徵之型態。

方面的，但主要的問題在於目前小學語文課的修辭格教學在內容和教學方法上，還有些問題須待改進。

修辭格教學對學生語文能力的提升和語文創意的表達佔有重要地位。然現行小學中修辭格教學的情況頗不理想，因此，教師於進行修辭格教學時，往往是無所適從的。修辭格教學的重點為何？修辭格該如何教？學生應如何學修辭格？學哪些內容？達到什麼標準？有哪些具體做法和要求？等等重大的問題，均令師生感到茫然，不知所措。教師或許囿於自身對各修辭格之間辨識不深，所以進行教學時，都依賴「教學指引」，然「教學指引」的編纂及說明未必正確、甚而錯誤百出，且並未具體明確說明如何區分各修辭格間之變異，對修辭格實例也未加以深入詳細分析。須知很多修辭格承載著豐富的文化氣息，修辭格教學即是審美的教學，修辭格的創意教學是提高文化素養和學生創造力的一條有效途徑。

胡性初（1992）《實用修辭學》中提及大陸地區修辭教學現狀：「中學修辭教學的現狀有三：一、修辭教學大綱──空白；二、修辭教學的重點──不明；三、修辭教學往往依賴──教參。」可見建立有系統體制、有序列進階的修辭格教學都是兩岸尚須努力的課題。

筆者擔任教職已十餘年，歸納整理出現今小學中修辭格教學的偏失有四：

1. 重點偏頗

誤把修辭格辨析與修辭格教學等同，修辭格辨析取代修辭格教學。須知修辭教學包含修辭格教學，但修辭教學，並不等同於修辭格教學；修辭格教學包含修辭格辨析，但修辭格教

學，並不等同修辭格辨析。

2. 方法單一

修辭格教學只停留在對幾種常用修辭格一般性認知階段，未能把修辭格教學同閱讀、寫作，乃至說話訓練的有機結合。換言之，做「靜態」的修辭格辨析教學，而非「動態」修辭格教學。這方法陳舊單一的修辭格教學，致使小學「修辭格教學」過於淺化，嚴重影響學生寫作和創意能力的培養。

3. 名稱混淆

修辭格的名稱，各家自有其名稱、術語，有其差異，在常用、重要修辭格上，修辭格之名稱、術語實有必要加以統一、釐清，以利實際教學者之實施教學，故術語的檢視是必要的，以利分辨、明晰。

4. 序列未定

一般修辭論述專書，介紹修辭格以並列說明為主，未見修辭格之進階序列。然教學實須由淺入深、由易而難慢慢引導，修辭格之序列未定，教學大綱不明，實施修辭格教學時只能憑乎教學者之一心，自己序列教學，導致修辭格教學進入誤區。

香港學者馮瑞龍關注中文修辭教學多年，馮瑞龍（1994）《中文修辭教學和廣告修辭學》即指出：現時香港大、中、小學中文修辭教學都存在著一些普遍的弊病，如：1. 缺乏系統。2. 過分強調修辭格。（問題的重點在教授的體系和方法）3. 對消極修辭不夠重視。4. 修辭格的分類混亂。5. 只用文學作品為例。6. 不符商業社會需求。

綜上所論，可見修辭格教學是台、港、大陸都很關注的焦點，卻一直無具體的施作方式，只停留在修辭格僵化的辨識，

對語文教學及創造力培養都明顯不足。

　　九年一貫課程綱要「教材編選原則」中提及：「事先宜作通盤設計規劃，由淺入深，系統安排，分派各冊單元中，並提供反覆及統整練習。」修辭格本身由淺而深、由易而難，自成序列。把握各修辭格特性，確立不同階段學習重點，將使修辭格教學更清晰、有效。是故，重要修辭格之確立及修辭格之序列銜接，均須加以統整、規劃，以利教學之實施。筆者參照張春榮所提修辭格序列（如次頁表 1），相信由此劃分，修辭格教學當能循序漸進，網絡明晰，使修辭格教學活用於語文教學領域，綻放燦爛語言創意藝術之花。

　　修辭格教學宜抓重點，學精采，把握重要修辭格，並能確實運用各重要修辭格；修辭格教學應及早制定出教學大綱，使修辭格的教與學都有所衡準；修辭格教學應透過由語文知識的灌輸晉升到智力能力的培養，進而進入藝術的薰陶，創意的發揮；修辭格教學的目的、具體內容和要求須予以明確規定，師生方有一個統一、可遵循的修辭格標準，明確教學意義，充實教學內容；修辭格教學應動靜結合，利用遊戲、活動、影像媒體等媒介豐富修辭格教學，激發學生學習興趣，感受修辭格之美趣及情韻，以收修辭格創意教學效果；修辭格教學應強化學生修辭技巧和綜合能力的訓練，設計融貫知識性、情趣性和實用性之創意教學，使其更生活化、多元化、趣味化，以展現修辭格之音樂性、圖畫性與其意義性。

表 1 修辭格序列

能力指標 修辭格	第一階段	第二階段	第三階段
比喻	明喻、暗喻 （本體與喻體關係）	明喻、暗喻 （喻體與喻解關係）	略喻、借喻、詳喻、博喻等（多樣化運用）
擬人	具象的擬人、擬物 （形容詞、動詞）	抽象的擬人、擬物 （對話）	深刻的擬人、擬物 （情境、寓言）
誇張	數量的誇張 （放大、縮小）	時間、空間的誇張 （放大、縮小）	物象、人情的誇張 （放大、縮小）
雙關	諧音雙關 （單字、複詞）	詞義雙關 （複詞、短語）	句義雙關 （句子、句群）
類疊	類字、疊字	類句、疊句	綜合運用
對偶	短語相對	句子相對	當句對、隔句對等
映襯（對比）	對襯（兩個相反事物的對比）	雙襯（一物本身相反性質的對比）	反襯（矛盾詞、矛盾句）
排比	短語的排比	單句的排比	複句的排比、段落的排比
層遞	語詞的層遞	句子的層遞	段落的層遞（綜合運用）
頂真	語詞的頂真	句與句之間的頂真	段與段之間的頂真

（張春榮，2005：24）

　　職是之故，筆者研究著力於開發國小修辭格的創意教學方法，希冀透過活潑有趣的教學方法，讓學生了解修辭格，實際運用修辭格，並透過修辭格創意教學，提升整個語文教學的效能，讓修辭格教學真正活化、生動有創意，培養學生學得帶得

走的能力，以臻及「玩深刻」、「抓重點」之修辭教學目標，使學生「長一雙修辭的眼睛，一對修辭的耳朵，一個修辭的頭腦。」如此，學生才可踏上「悅心悅意，悅神悅志」的審美層次。

葉聖陶（1980）謂文法和修辭教材的編排和教學要：「注重理解和實用，竭力避免機械的術語和過細的分析。務使讀者修習之後，對於語言文字的規律具有扼要的概念，並且養成正確的、精確的發表的習慣。」（頁 169）何永清（1991）亦提出修辭教學的原則有四：1. 不要使用太多的修辭專門術語。2. 不要舉用太多成人作品的例子，用國語課本和小朋友的作品即可。3. 不要用筆試方式作為教學評量。4. 不要單獨進行作文的修辭教學，應和讀書或說話互相配合，在生動自然的情境下自然學習。由此可知，修辭格教學應結合課本的修辭知識和修辭範例，與學生的習作結合進行分析評論，如此方可把修辭格教活，提高學生的運用能力。

張春榮（2005）分析「辭格教學序列」，認為：第一階段修辭教學，可以以「比喻」為核心，兼及「接近聯想」、「相似聯想」為主的辭格：擬人、誇張、雙關、類疊，偏字句修辭；第二階段以「對比」為核心，兼及以「相對聯想」為主的辭格：對偶、映襯、排比、層遞、頂真，偏篇章修辭（結構設計）。如下表：

第　一　階　段	第　二　階　段
比喻、擬人、誇張、雙關、類疊	對偶（形式上對比）、 映襯（內容上對比）、排比、層遞、頂真
五種	五種

相信由此劃分，修辭格教學才能在豐富想像力的開發上，有所進階；才能在寫作能力的培養上，形成序列；也才能讓日益繁瑣的「修辭格教學」，綱舉目張，脈絡清晰，自成鮮明易懂的理論系統，達成修辭格創意教學的目標。

（三）修辭格教學相關研究及展望

迄今，有多篇攸關修辭格研究的相關研究及碩士論文，[4] 筆者分析前人研究的向度有三：

第一、大多數的研究都在修辭格的分析、統計，停留在修辭學的層次，從小學到中學，修辭格研究的擴展，通常僅僅是修辭格數量的變化，鮮少涉入修辭格的教學，未能邁向修辭格教學之研究。

第二、研究大都侷限在國語教科書的範文修辭格教學，並聚焦在中學領域。

第三、如何將饒富語言創意的修辭格教得生動、教得有趣味的修辭格創意教學研究，迄今闕如。尤其在國小這個領域，目前尚缺乏全面研究開發。

4　（1）陳香如（1996）〈國小國語課本中修辭方式〉。（2）陳香如（1997）〈國小國語教科書之修辭方式分析〉。（3）王家珍（1998）《透過讀寫結合的方式進行修辭教學》。（4）陳宇詮（2000）《引導兒童作文教學之探究～自修辭的角度切入》。（5）李秀萍（2001）《高中國文範文修辭教學研究》。（6）陳麗幸（2002）針對本國語文低年級九年一貫教材審定本進行修辭方式的比較。（7）楊淑雅（2003）《國小高年級國語教科書之修辭研究》。（8）林芳如（2003）《國小一年級國語教科書修辭格之研究》。（9）陳明發（2003）《國小五年級讀寫結合修辭技巧合作學習教學方案之行動研究》。（10）高慶文（2004）《國中國文科範文修辭教學研究》。（11）吳純玲（2004）《國小童詩教材與童詩創作之修辭研究》。（12）張志瑋（2004）《九年一貫課程中國民小學低年級語文領域（本國語文）審定本修辭方式之比較研究》。

　　修辭格教學，就是要讓學生了解修辭格的定義及來龍去脈，幫助學生理解語文中修辭格的字面意義和字裡意義之間的關係，幫助學生準確評析修辭格運用之優劣得失，更重要的是使學生更好的運用修辭格，揮灑語言創意，能在語文教學中遊刃有餘。是故，筆者認為，「修辭格創意教學研究」應加強開發的方向有三：

1. 修辭格的比較教學

　　首先，應先將一般易混淆的修辭格放在一起比較、進行分析，以辨其異同。其次，在教學中，應注意在表達時，用與不用修辭格和採用不同的修辭格效果是不同的。通過對比的比較分析，讓學生理解並學會在何種情況應使用修辭格。再次，修辭格運用得與失的比較，成功的修辭和有「病例」的修辭兩相對照便可不喻而明。

2. 修辭格的動態分析

　　傳統的修辭格教學往往側重於修辭格的定義、分類、辨識，使學生覺得索然乏味。修辭格創意教學進一步要做的是，培養其修辭格的實際運用、駕馭的能力。這一向度是以往傳統修辭格教學中沒有得到充分重視，亟須加強的重要板塊。透過教學活動創新趣味化的引導，使學生明其優劣得失，引導學生在語境中把握修辭格，分析修辭格，運用修辭格，如此，教學方有意義和趣味，方能讓學生真正領略修辭格語言創意的奧妙。

3. 精心設計修辭格教學創意課程

　　教師根據教學目的和教學內容，設計一些生動活潑的修辭格課程，如透過遊戲法、仿作練習、分組討論、結合廣告視聽

媒體等,使學生於修辭格教學課程中有實際參與的機會,激盪
創意,激發學習興趣,使其理解、分析和運用修辭格的能力大
為提升。是故,修辭格的教學應循序漸進,運用創思教學方法
引導教學,使創思與修辭格教學互為挹注,相得益彰,真正臻
及創意教學的實踐。

三、修辭格創意教學的策略

修辭格本身就是饒富創意的語言表達方式,修辭格教學更
是發揮創意的教學。修辭格創意教學,屬於程序性知識,[5]重
在「如何」(How)實施,使修辭格教學由「是什麼」(What),
提升至「如何達成」(How)的層次;修辭格創意教學,不在
於個別修辭格的分析、理解,而在於重要修辭格之會通綜合,
展現合理、生動、深刻的書寫,達至語文教學高峰。「怎樣才
能提高語文教學的興趣和效益,使教與學都能愉快而有效?」
這是許多從事語文教育老師共同關心的話題。事實上,筆者認
為:興趣和效益,可以相輔相成。

王萬清(1999)曾提出修辭格教學之策略,[6]而不同的修
辭格,其所採取之教學策略亦不同。筆者認為:寓教學於遊
戲,就是最好的方法,換言之,「勤有功,戲也有益」。進行修

5　現代認知心理學家一般將知識分為陳述性知識(用於回答「世界是什麼」的知識,
　　是個體有意識的提取線索,進行直接陳述的知識)和程序性知識(用於回答「怎麼
　　辦」的知識,是個體無意識的提取線索,因而只能借助某種活動形式間接推測出來
　　的知識)。加涅將認知領域學習分三類:言語信息(屬陳述性知識)、智慧技能和認
　　知策略(屬程序性知識)。(張文新、谷傳華,2004:187-188。)
6　包括:朗讀、六 W、列舉、情境、替代、感官、比較和情境練習八種。

辭格創意教學時，師生都帶上「綠色帽子」揮灑創意，[7]教學和學習不再枯燥。本研究之教學模式如下圖：

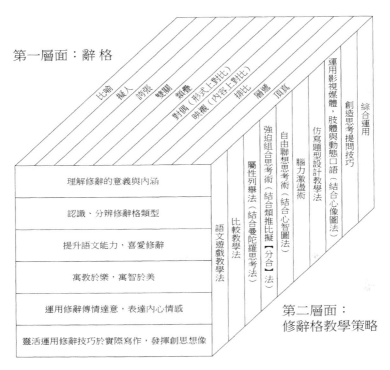

圖 1　「國小高年級修辭格創意教學之研究」模式圖

7　De Bono（1999）提出六頂思考帽的顏色各不相同：綠色思考帽，代表創意與新的組合；黃色思考帽，代表樂觀，包含著希望與正面思想；黑色思考帽，代表的是負面的因素，為什麼不能做；紅色思考帽，代表情緒上的感覺；藍色思考帽，代表思考過程的控制與組織；白色思考帽，代表客觀的事實與數字。（轉引自張世彗，2003：244）

（一）語文遊戲教學法

張正男（1993）謂：「遊戲式教學法是啟發創造思考潛力的教學方式」。遊戲式教學是透過活動設計的趣味性教學法，不只過程生動有趣，受學生喜愛而熱烈參與，而且變化多端，最能啟發學生的創造思考潛力。中小學生創造性思維的品質培養是由遊戲開始漸發展為學習活動。[8]真正的遊戲環境，使人放下重擔，從而引發我們的內在動力。是故，語文教師可借助遊戲教學法來改善語文教學的質素。

修辭格創意教學結合遊戲教學法，教學遊戲運作的基本要訣，就是：易（材料易找）、快（準備快捷）、趣（內容有趣）。對老師而言，如果遊戲不能「易、快」，的確無暇準備；對學生而言，如果遊戲無「趣」，也就沒有吸引力，令人索然無味。在實施細節上，應先將項目清楚列明，應用時一目了然。項目可包括：

1、名稱 2、對象 3、目的 4、性質 5、人數 6、時間 7、教材 8、遊戲方法。

是故，修辭格創意教學遊戲並不是隨意、隨機的選擇。而是要考慮教學的重點、學生已有知識、學生現時的弱點等。此外，要成功推行教學遊戲，設計時必須有針對性，配合課本較常出現、國小高年級常用的修辭格，有系統的教學引導。

---

8 對於幼兒來說，思維的創造性主要是在遊戲中發展起來的。進入中小學後，學習成為兒童的主導活動形式；學習活動成為兒童創造性思維培養的主要形式。在學習基本的知識與技能的過程中，通過有意識、適當的教學，及兒童對教學問題的解決活動，創造性思維逐漸得以發展。是故，創造性學習成為學齡兒童創造力和創造性思維發展及表現的重要形式及途徑。（張文新、谷傳華，2004：325-328）

遊戲是孩子的最愛，教學遊戲對語文學習，尤其是修辭格創意教學的學習，助益極大，運用時應結合情景創設，用生動活潑的場景來激發學生的情緒，引發學生心理，調動學生的主體性，使其積極參與教學活動，主動內化教學內容。

（二）比較教學法

修辭格創意教學較常用的是比較研究法。對語言進行選擇的過程，就是一個比較過程。好與不好，總要通過異同的分析比較，才容易彰顯。用比較法進行修辭格教學，將能對修辭格進行動態的分析，深刻的把握修辭本質，使學生較易體會修辭的方法和規律。

有比較才有鑑別，所謂「推敲」，就是比較。「比較教學法」就是魯迅譽為「極有益處的學習法」。善用「比較教學法」，讓學生在比較中提高認識，加深理解。葉聖陶謂：「修辭教學要隨時從教材中提出實例，做彼此的比較研究。」要引導學生「隨時留意自己和他人的」語言文字，「要比較、要歸納、這樣說不錯，那樣說更好，這樣說起了什麼作用，那樣說含有什麼情趣，使語言文字接近美好的境界。」（葉聖陶，1980：202）讓學生在具體的比較情境中，達至教學目標。是故，「比較法」是個很好的學習方法。筆者認為，修辭格創意教學研究之比較法可從三方面著手：

1.同一辭格，同一內容，同一作者先後作品初稿、定稿之改稿比較。

只從作家已完成的作品去說明作家為何這樣寫，讀者不易看出，也不能領悟，若對同一作品初稿和定稿進行比較，從中

學習，就簡直好像藝術家在對我們實物教授，這是極有益的學習方法。

2. 同一辭格，同一內容，不同作者作品之比較。

透過比較，觀摩不同作者的作品如何使用修辭格達到良好表達效果。

3. 同一內容，同一題目，用多種不同辭格表現之比較。

修辭格創意教學進行「表達→承載→理解」，從改筆中學習進行比較教學，使修辭格活生生的「活」了，比靜態的修辭格辨析的教學，更有效果。

（三）屬性列舉法（Attribute listing）和曼陀羅思考法

屬性列舉法可結合曼陀羅之「九宮格」圖形的引導、練習，思考時可做擴散型及圍繞型之流動思考發展，使學生「舉一隅而三隅反」，開發豐沛想像力。如以「春」為主題，結合「屬性」的辨析、輻射，使用比喻、擬人等修辭格，確知修辭格特性，釋放流暢想像力。如：

棉　被	陽　光	百 花 綻 放
火　炬	春（溫暖）	生　命
紅　色	母　愛	燈　火

藉由「屬性」，展開比喻、擬人、誇張等修辭格之相似聯想；不同的屬性可開展發揮不同的主題，使用不同修辭格，訓練莘莘學子想像力之流暢性與獨特性。屬性列舉法適用的修辭格有多種，幾乎所有辭格皆可藉由屬性列舉法的相關擴散思考，進行創意教學。

(四)強迫組合思考術（Forced relationship）和類推比擬（分合）法

結合戈登（Gordon）首創類推比擬法（分合）法（synectics）之創思技術，分合法通常適用於比喻和擬人及映襯等修辭格。如：

1. 哪一種動物和降落傘相似？為什麼？
2. 雲和閒談，哪一種比較快？為什麼？
3. 圓形和菱形，哪一種比較有趣？為什麼？

藉由上述題目，可助學生奇思異想，重新組合，擴展思考。進行類推比擬時，可由擬人、直接、狂想等類推及壓縮衝突（用相矛盾或衝突的字描述）等四個向度進行思考。以強迫組合思考術進行修辭格教學最常適用於比喻、擬人、映襯、類疊等，其次為對偶、排比、頂真等。

(五)自由聯想思考術（Free association techniques）

自由聯想乃是學生創造力的表現，亦即擴散性思考的流暢與精進和獨特。運用自由聯想思考術進行修辭格教學時，可用下列三種方法教導學生：

1. 直接比擬：對照比較兩事物或觀念，其間差異越大，此對照比較越佳。如運用「比喻」時，語義跨度越大，比喻效果更佳。然語義跨度越大時，亦須注意其喻解之可釋及得宜。

2. 自身比擬：擬情認同於人、事物，抒發情緒，或認同其生物特性；若能擬情認同於無生物，對學生而言則是較困難的，須具較高語文創意能力。

3. 符號比擬：用兩相互衝突或矛盾語詞進行描述。如「無用的貴重物品」、「富貴的貧窮」，依此對比，便具體而明晰。

自由聯想亦可結合心智圖法的「枝幹延伸」、「關係連結」、「定關鍵字」、「分枝分化」等方式進行思想連結，形成一個相互連結的「聯想網」、「創意網」或「概念樹」，強化思考的縱深程度。

(六) 腦力激盪術（Brainstorming）

集思廣益進行腦力激盪，在分組進行活動時，除了團隊精神之培養外，尚可見賢思齊，大大發揮「三個臭皮匠勝過一個諸葛亮」的精神。在課堂教學中，是非常實用的一種教學法。進行修辭格創意教學時，腦力激盪法可適用於任何修辭格，搭配活動或遊戲動態的進行，將是一堂生動活潑、寓教於樂的語文創意課程。

(七) 結合題型設計教學法

結合題型設計，讓學生由實際練習中深切領悟修辭格之真正意涵。題型設計，包括修辭格之仿寫、擴寫、續寫、改寫。

1. 仿寫

重要、常見修辭格，可透過「仿寫」實際演練，深切體會。因模仿是學習之初始，在創思技法中，模擬法是重要的一種。然須注意的是：仿寫不是簡單的複製，其中包含著學生的創新意識和豐富想像力，意味著兒童開始從簡單的模仿中跳出來，開始內化學到的東西。此「仿寫」，須具有特殊表達方法，非依樣造句，更具文學性，培養創思之變通力。

2. 擴寫

擴寫是擴而充之的詳細描寫，可培養觀察力，及創思之精進力。

3. 續寫

續寫可測試學生對修辭格特性之把握，亦可測知其聯想力之向度，有中生有，開展相似聯想、相對聯想，培養變通力及「再造性」之想像力。

4. 改寫

改寫其難度較高，因其為修辭格之會通，高度創意之展現，藉由不同修辭格，述說同一主題，培養學生靈活的運用修辭格，展現高度創意。

（八）結合影視媒體、動態口語

實施修辭格創意教學時，應不限於靜態書寫（語言符號、非語言符號）、欣賞，應可結合動態口語（演講、辯論、說故事、相聲、舞台劇、兒童劇展等）；其內容應多元，廣納百川，不限於文學作品（課文、詩、散文、小說、戲劇）還可包括漫畫及影視媒體（廣告、歌曲、電影名言佳句），利用這些教學媒介，當使修辭格創意教學視野拓展，使修辭格創意教學邁向更生活化、更多元、更活潑趣味之道路。從事動態教學時，亦可結合心像法來做肢體和心靈放鬆的練習。此教學法適用大多數修辭格，先帶出比喻、擬人、類疊、誇張、雙關等簡易修辭格，再深化進階為對偶、映襯、排比、層遞、頂真等辭格。

（九）創造思考提問技巧（Creative asking skill）

　　課要教得好、教得活，課堂上設疑提問，討論訂正，是很重要的教學活動，此是促進學生進行思考和開發智力、思維訓練的手段。提問而能引導學生合理正確的思考，就要問得精簡巧妙、新奇有趣、難而有度、深而可知，更要問得有思考餘地而富啟迪作用。是故，修辭格創意教學通過適當的提問和引導，既能考察學生之理解程度，且能引發學習動機和興趣，培養思考習慣，進而達到創意思維訓練實效。

　　以上這些教學策略其實非單獨存在使用，是可多方綜合使用於教學設計。如畢保德語言發展教材（Peabody Language Development Kits）的每一單元，均含二或三個下列各種不同形式的語言活動（林建平，1990：25）。[9]

　　由上觀之，同理以推，修辭格創意教學之策略亦非自成一格，宜彈性搭配使用，活化教學。

四、結語

　　修辭格創意教學宜抓重點、學精采，利用生動活潑的教學及趣味有效的教學策略，使學生在遊戲中親近、在練習中領

9　（1）活動時間，（2）腦力激盪時間，（3）分類時間，（4）會話時間，（5）批判性思考時間，（6）描述時間，（7）戲劇表演時間，（8）接受命令時間，（9）猜謎時間，（10）認同時間，（11）想像時間，（12）聽的時間，（13）看的時間，（14）記憶時間，（15）啞劇時間，（16）模仿時間，（17）關係時間，（18）押韻時間，（19）說故事能力發展時間，（20）加速時間，（21）故事時間，（22）觸摸時間，（23）字彙建立時間。

會、在練習中妙用，使修辭格創意教學清晰落實於國小語文教學中，讓莘莘學子喜愛修辭，發揮無限潛能之創意；教學者教學脈絡明晰有條理，教學輕鬆自在，讓師生共同開拓多元智能之想像力與表達力，喜愛修辭，不再害怕修辭，提升語文教學為創意教學。

創造力是埋藏在人類腦袋裏的金礦，擁有「創意能力」的學生，其思維流暢，對事物保持敏感。創造力著重於創新和發現，教師於「創意教學」過程中應致力培養學生的創造性思維。筆者認為：一門學科的建立和發展，或者是理論本身的需要，或者是因應課程發展實際的需要，它的重要價值，顯然不僅僅在於理論的突破與更新，更在於對學生的助益啟迪和語文質量的提升。

修辭格創意教學，首應正視「修辭格教學」的重要性，宜依修辭理論，重新爬梳，以重要、常用的辭格為優先，確立修辭格知識的序列及系統，還其真實面目；在學習上，須全方位、多角度的學習，[10]學生把握住學習的時間、機會和對象，學習效果是趣味且多元；在教學上，結合範文教學和實際練習，所謂「修辭入文」，所以和範文教學結合，於實際生活中練習體悟；在教法上，應活化多元，多採用創新型教學法，[11]結合創意教學，達到創意教學的目標，提升學生創造力；在運

10　胡性初（1998）《修辭助讀》：「全方位學習修辭是隨時隨地都要講究修辭、學習修辭；而多角度學習修辭，是指既向書本學習，又向社會生活中的各階層人士學習。」

11　劉金棠（1995〈探尋富有情趣的修辭教學方法〉中提到：「電視播放國際辯論賽及其他演講賽時，適時的引導學生從修辭角度進行分析，可增強學生對修辭的興趣。」（《修辭學習》67期）

用修辭格上，宜拓植進階，確實明白各修辭格運用的原則與方法，注意單項修辭格，亦須注意綜合修辭格之使用。是故，教師在進行教學時，應多與學生互動，或嘗試由教師本身先試做範例或和學生一起遊戲教學，以提振學生學習樂趣。

　　要提升國家競爭力，就要提升創造力，創新是知識經濟競爭的核心；語文教學的創意教學，應是重視加強修辭格教學，落實修辭格創意教學，培養學生語言創意，提升語言運用的藝術，使學生優游於創意的天空，開展語文智能，展現優質文化涵養。

參考文獻

中國修辭學會編（1987）。修辭與修辭教學。上海：上海教育。

王萬清（1999）。多元智能創造思考教學——國語篇。高雄：復文。

何永清（1991）。國小中年級作文修辭教學之探討。人文及社會學科教學通訊，2（2），67-72。

呂叔湘（1983）。呂叔湘語文論集。台灣：商務印書館。

林建平（1990）。創意的寫作教室。台北：心理。

姚亞平（1997）。當代中國修辭學。廣州：廣東教育。

胡性初（1992）。實用修辭學。廣州：華南理工大學。

胡性初（1994）。大陸與香港中學語文（漢語）修辭教學的比較——談語文（漢語）教學與工作。載於謝錫金主編「中文教育論文集」第二輯（下冊）。

胡性初（1998）。修辭助讀。台北：書林。

張文新、谷傳華（2004）。創造力發展心理學。合肥：安徽教育。

張世彗（2003）。創造力：理論技術技法與培育。台北：張世彗。

張正男（1993）。語文遊戲：語文活動設計的理論與實際。台北：師大書苑。

張春榮（2004）。修辭學在「讀」與「寫」教學中的運用。國

文天地，20（4），20-26。

張春榮（2005）。國中國文修辭教學。台北：萬卷樓。

馮瑞龍（1994）。中文修辭教學和廣告修辭學。載於香港語文
　　教育學院舉辦之「93 年國際語文教育研討會論文集——
　　語文和學習」（頁 409-414），香港。

黃慶萱（2002）。修辭學。台北：三民。

黃麗貞（2004）。實用修辭學。台北：國家。

葉聖陶（1980）。葉聖陶語文教育論集。北京：教育科學。

劉金棠（1995）。探尋富有情趣的修辭教學方法。修辭學習，
　　67。

潘仲茗（1994）。談語文課堂教學改革。載於謝錫金主編「中
　　文教育論文集」第二輯（上冊）。

國小高年級語文創意教學研究
——以「雙關」修辭格為例

❋❋❋

（此篇論文發表於 2006 年 10 月 13 日，教育部主辦，崑山科技大學承辦之「創造力與創新教學論文研討會」）

「亞洲學生相較於西方國家學生，普遍被認為缺少創造力，究其根源，乃在於儒家教育傳統和亞洲教育系統本身。」（黃奕光，2005）其實，這是針對文化背景造成的差異文化才有的立論。事實上，在適當的環境中，輔以創意的教學，佐以新穎的教材，亞洲人和西方人一樣擁有創造力。二十一世紀是知識經濟（Knowledge Economy）的時代，創造力（creativity）即是國家競爭力重要指標，創造性的教學才能提升學生創造力，提升學生語文質量。

一、研究動機

語文是國家教育的基石命脈，是所有學科的基礎，是全民終身學習的重要助力，更是個人及國家競爭力的重要面向。現代學生被認為語文能力持續下降低落，嚴重拉起警報，令教育界學者及基層教師們憂心不已。教育部及各縣市政府為了提升

莘莘學子語文能力，制訂許多相關辦法與積極規劃相關課程。
如教育部正視到新生代學生國語文程度低落問題的嚴重性，於
94 年 5 月 24 日宣布將成立「國語文教育專案小組」，委請學
者專家研究評估，通盤檢討與研議國語文教育；台北市為提升
學生國語文，更研議提高授課時數，促進教學效能。筆者認
為，大凡教學效能絕非上課時數的數量多寡所能解決。重點應
是加強語文創意教學，「寓教於樂，寓智於美」方是語文教學
的重要指標，讓學生樂學，教師樂教，發揮創造力，學生語文
質量才能大大有效提升。

二、語文創意教學

創造思考是人類所獨具稟賦，也是促進社會進步的原動
力。語文教學旨在培養學生聽、說、讀、寫、作的綜合運用能
力。潘仲茗（1994）指出：「語文課堂教學中特別重視語言與
思維能力培養。」[1]而創意教學乃利用創思策略，配合設計課
程，以培養學生變通、流暢、精進及獨創的思考能力。

（一）語文創意教學的意涵

語文創意教學，讓語文課程生動活化，使學生覺得輕鬆有
興趣，讓孩子在快樂的學習中培養創造力。基於語文思維「形

---

1 潘仲茗（1994）：「關於知識與發展智力、培養能力。不再把課堂看做單純傳授知識
的講壇，在學習知識的基礎上，特別重視發展智力、培養能力。語文課堂教學中特
別重視語言與思維能力培養。」〈談語文課堂教學改革〉，摘自《中文教育論文集》
上冊。

象性」的特性，語文教學應注意發展學生的形象思維。教育要教會學生思維，終於創造性思維。所以，形象思維是創造性思維發展的途徑和基礎，最終要歸結為學生創造性思維能力的發展。教師掌握學生認知心理之發展關鍵，注意形象思維與抽象邏輯思維深刻發展，輔以適當教學，將能豐富學子語文涵養，深植語文智能。

筆者認為，語文教學務必講究創意方法，採用趣味實用的教學方法，將使教學成效更顯著；學生樂學，教師樂教；師生共同於語文創意教學過程實質進行中，體味語言美的教育過程，以求收得更佳教學成效，培養學生新思維。

(二) 國小學生認知心理發展

語文能力的學習不是勻速直線發展，而是存在若干「敏感期」。[2]陶倫思（Torrance Ellis Paul）和潼次武夫的研究皆顯示：國小五年級學生創造力相對較高。[3]小學時期是具體形象思考和抽象邏輯思考形式交錯發展的時期，主要是發展抽象邏輯思考；由具體形象思考，逐步過渡到以抽象邏輯思考為主要形式。這種思考的過程，存在著轉折期，亦是小學生發展思考的「關鍵年齡」。強調這個「關鍵年齡」，就須小學教育工作者

---

2 敏感期其時間分佈在：小學四年級、初中三年級、高中三年級。引自朱作仁（1984：4）。小學語文教學心理學。哈爾濱：黑龍江人民出版社。

3 引自郅庭瑾《教會學生思維》（2001：52-53）：陶倫思（Torrance）對關於兒童創造力發展的動態過程得一結論，認為：小學一至三年級呈現上升狀態；小學四年級下跌；小學五年級又回復上升；小學六年級至初中一年級第二次下降；以後直至成人基本保持上升趨勢。日本學者潼次武夫以小學二至六年級學生為對象，對他們的創造性思維的流暢性、變通性、獨立性進行測驗。得出：流暢性最高，獨立性最低。四年級學生創造性思維最低，五年級最高。

配合小學生心理發展的飛躍期，施以適當的教育。[4]這種抽象邏輯思考在很大程度上，仍然直接與感知經驗有關，以具體形象性為主。

國小高年級學生正處於創造力發展關鍵時期，[5]筆者希望能以語文創意教學為基石，發揮語文創思藝術。希冀能從提升小學生的語文能力開始做起，培養孩子們欣賞語文，靈活應用語文的能力。「九年一貫」的語文學習領域中，基本理念敘述得很清楚明白：「語文是溝通情意、傳遞思想、傳承文化的重要工具。語文教育應提升學生思辨、理解、創新的能力，以擴展學生的經驗，並應重視品德教育及文化的涵養。」

（三）語文創意教學——從「修辭格教學」入手

張春榮（2004）指出：「修辭是語文豐富想像的開拓，高度悟力的綜合展現，以精確為本，以新穎性（陌生化）為上。」其說法無疑與創意教學理論相互輝映，可見修辭與創意教學息息相關、密不可分。修辭格本身就是充滿創意語言的表達方式，修辭格教學更是充滿創意的語文教學。語文教學應是語言智能與非智力的涵養藝術，修辭格教學是創造美感、提高語言教學效果的上課藝術。

4　王耘、葉忠根、林崇德（1995：164-165）：心理學研究者一般認為，這個關鍵年齡出現在四年級。（約10～11歲）若把範圍劃寬一點，關鍵年齡可確定為三至五年級之間。

5　陶倫思得出關於兒童創造力發展的動態過程的結論：小學一至三年級呈直線上升狀態；小學四年級下跌；小學五年級又回復上升；小學六年級至國中一年級第二次下降；以後直至成人基本保持上升趨勢。（轉引自郅庭瑾（2001：52）林崇德（1995：168）亦道：小學一、二、三年級是辯證思考萌芽時期，四年級是辯證思考發展的轉折期，五年級和六年級為辯證思考穩定發展時期。

　　無可置疑，欲提升學生語文質量，發揮創造力，加強美的語言欣賞，即從修辭格語文創意教學開始。筆者認為修辭格語文創意教學，能欣賞、運用修辭之美，淨化心靈，拓廣胸襟，提升精神生活美境，享受無窮的美感經驗，進而開創健康、快樂、幸福的人生。

　　本文根據《創造力教育政策白皮書》的推動原則：「融入原則，創造力課程與教材應融入各科教學」，與推動策略：「鼓勵教師研發創造力之教材教法，進行有關創造力培育之行動研究」，從理論與教學設計之角度來探討創思技法融入語文創意教學。教學有法，教無定法。事實上，無論任何學科，不論什麼著作，都絕不會僅用一種方法，諸法並用，相輔相成，才是正確態度。

(四)「雙關」修辭格教學

　　張春榮以實用性與學術性出發，歸納出國小常用十個修辭格，[6]並提出「辭格教學序列」。表 1 列如下：

6　張春榮（2006）<國小常用辭格>：「確定國小常用修辭格方式有二：（一）藉由歸納、統計，由國小國語教科書切入，由實用性出發，依據量化比例（辭格出現次數），確立國小常用辭格。（二）藉由演繹、系統，由學術性出發，掌握修辭理論核心，依據能力指標（想像力、思考力），釐清修辭中重要辭格，並確立國小『理應』學習的常用辭格。」歸納出國小常用十個辭格，分別是比喻、擬人、誇張、雙關、類疊、對偶、映襯、排比、層遞、頂真。（國語日報 2006/03/29 第 13 版）

表 1　辭格教學序列表

第 一 階 段	第 二 階 段
比喻、擬人、誇張、雙關、類疊	對偶（形式上對比）、映襯（內容上對比）、排比、層遞、頂真
五種	五種

（張春榮，2005：23）

　　相信由此劃分，修辭格教學才能在豐富想像力的開發上，有所進階；才能在寫作能力培養上，形成序列；也才能讓日益繁瑣的「修辭格教學」，綱舉目張，脈絡清晰，自成鮮明易懂的理論系統。

1.「雙關」的定義、類別與作用

　　「雙關」是在特定的語言環境中，利用語音或語義條件聯繫，造成言在此而意在彼的「一箭雙雕」效果。

（1）諧音雙關：利用詞語間的同音、近音關係構成的。如：歲歲（碎碎）平安。

（2）詞義雙關：利用詞語多義性構成的雙關。一個詞語在句中兼含兩種意思，許多廣告詞即利用此雙關修辭達到語言暗示的效果。

（3）句義雙關：一句話或一段文字，兼含兩件事物或兩層意思。如「夕陽無限好，只是近黃昏。」除描述黃昏景象外，亦指作者對步入老年的感嘆。

（4）對象雙關：依靠特定的語言環境構成的雙關，即所謂的「指桑罵槐」，是靠特定的語境實現的一句話關涉到兩個對象的情形，以表達聲東擊西、話

裡有話。

「雙關」可造成語意的含蓄，使文句風趣鮮活，提供具體生動的事實，令人感到幽默的情趣，使文章生動，文字有趣，語言鮮活、幽默，具有引人入勝的意想不到奇效。

2. 強迫組合思考術（Forced relationship）

將兩種相關或把表面上看來不相關的事物或意念加以聯結，合二為一，創立一種新的結構，頓生新奇，稱為強迫組合。可結合戈登（Gordon）於 1956 年首創類推比擬法（分合）法（synectics）之創思技術，進行類推比擬時，可由擬人、直接、狂想、壓縮衝突（用兩相互矛盾或衝突的字描述）等四個向度進行思考。

3. 以強迫組合思考術進行「雙關」創意教學

威廉氏（Williams, Frank E.）認為，每個人都有創造的潛能，其創造能力表現的高低，視乎後天環境和教育的影響。創意教學可配合創思技法的運用，發揮創造力教育。創思法的分類各有所執，劉仲林（2005：58）認為綜合各創思技法，可分成具共同屬性的四大類型家族：（一）聯想族（聯想系列）、（二）類比族（類比系列）、（三）組合族、（四）臻美族（臻美系列）。本文即以組合族中的「強迫組合思考術」進行語文教學中「雙關」修辭教學。

三、「雙關」修辭格創意教學設計實例

筆者認為，修辭格教學務必講究創意方法，採用趣味實用的教學方法，將使教學成效更顯著；學生樂學，教師樂教；師

生共同於修辭格教學過程實質進行中，體味語言美的教育過程。教學時更須配合學生認知心理發展，以求收得更佳教學成效，培養學生新思維。

基於語文思維「形象性」的特性，語文教學應注意發展學生的形象思維。教育要教會學生思維，終於創造性思維。教師掌握學生認知心理之發展關鍵，在小學中、高年級，注意形象思維與抽象邏輯思維深刻發展，輔以適當教學，將能豐富學子語文涵養，深植語文智能。

職是之故，本文「修辭格教學」之「雙關」教學活動設計，秉持「以教師為主導、以學生為主體、以設計為主線」教學模式。先有「引導語」帶入，繼而陳述教學要點、教學設計。復次，學生作品歸納分析，分「優秀作品」、「正確作品」、「欠佳作品」加以歸納分析。最後以教師實施教學後之教學省思做結，省思教學活動進行之優缺及建議。

（一）教學實施

1. 引導語

小朋友，知道為甚麼賀年卡上常常畫著一條魚或是蘋果和橘子嗎？原來，魚象徵「年年有餘（魚）」、蘋果代表「平平（蘋）安安」、橘子表示「大吉（橘）大利」；除夕圍爐吃年夜飯時，一定要吃蘿蔔（菜頭）討個好彩頭，嚐年糕以示「年年高升」；不小心打破了碗，趕緊說一聲「歲歲（碎碎）平安」化解尷尬，這都是為求吉祥、討個吉利，讓人覺得趣味無窮，也是中國語言獨有的特色。

2.教學要點

（1）「雙關」重在兩事物聲音或意義上的「相似」、相關連。善用雙關語，能使語言幽默詼諧。所以對一字多音、多義和語言系統轉換（方言或外國語）要有敏感性，語感、語音和聲調的掌握，能幫助發揮「雙關」聯想。如：

我和弟弟二人因為看電視看得太認真了，都成了「進士」（近視）。

便是利用詞義雙關，以「進士」兼含「近視」之意。

（2）「雙關」因是利用諧音或詞義相關造成趣味，為免以為是誤用錯別字，故使用雙關通常加上引號（「 」），以區別是別具用心，特意經營使用「雙關」，而非錯字或誤用。

（3）使用「強迫組合法」學習「雙關」

藉由「強迫組合法」展開聯想，激發學生「既限制又自由」的創意，比天馬行空的「自由聯想」更有難度，具挑戰性。「強迫組合法」貴於將二個不相關的詞語強迫組合，發展出新的連結，故要化遠距為近鄰，化偶然結合為必然情境。「雙關」比較常用的創思技法還有「屬性列舉法」、「腦力激盪法」、「自由聯想法」、「創思提問法」等。

3.活動設計

「雙關」修辭格在我們日常生活中使用得非常普遍。現在，小朋友仔細想想，你的名字怎麼使用「雙關」，而變化成廣告或文宣。想一想，你的名字放在一起有什麼組合，它的諧音能否造成「雙關」關連？在語意上能否一箭雙雕？例如：有

個同學叫蓮貴，他能組合成「『蓮』生『貴』子」；竑諺就能利用「雙關」組合出「『鴻雁』（竑諺）飛來，立有鴻鵠之志。」所以，小朋友思索將名字中的二、三字，利用音（一音多字）、義（一字多義）的關係造成有趣的「雙關」，或是利用語言系統轉換（國語、台語、英語之間）形成雙關。在思考時，你的名字中這二、三個字或許一點兒關係也沒有，聰明具創意的你，努力聯想和組合，變成有意義的文宣或廣告，將你的名字創造新的形象，加油唷！

（二）學生作品分析

1. 優秀作品

（1）做事情只要肯繼「旭」努力，有一天一定會「成」功。（旭成）

（2）「仁」義當家，「忠」心為國。（仁忠）

（3）「何」不將那微小的志氣，轉變成「伯」（霸）氣，如同高大的「駿」嶺般，來激勵自己。（何伯駿）

（4）人「旻」睿智選擇，凱「璇」勝利歸來。（旻璇）

（5）美「妙」的「音」樂，配上快樂的旋律。（妙音）

以上作品發揮「一音多字」、「一字多義」的語言功能，將自己的名字強迫組合，展現「雙關」在音義上的機智。

例（1）、例（3）和例（4）皆採「一音多字」的方式將自己名字組合成「諧音雙關」。例（1）旭成將名字的「旭」以同音字「繼續」的「續」取代，表達努力終會成功的意旨。例

（3）伯駿除使用諧音雙關，還將「伯」以「一字多音」的方式，引成「霸氣」的「霸」，展現小男孩志氣高的遠大志向。

例（4）旻璇設計競選標語，將自己名字巧妙利用諧音，希望獲得神聖一票，表達「選對人就是人民的勝利」的訴求。

例（2）和例（4）是採「增字法」將自己名字增添字詞，引而申之；增字為訓，形成雙關。仁忠還以對偶形式解說其義：「仁」義當家，「忠」心為國。展開衍生性思考，兼顧形式和內容之美，展現其精進力的細緻性與協調性。妙音將名字其擴而增為：美「妙」的「音」樂。展現其豐富多樣的靈活視角，展現其聯想力。

2. 正確作品

（1）天上的雲千變萬「樺」。（姿樺）

（2）有爆發性的「威」力，但內心卻很「淳」真的大男孩。（威淳）

（3）待人「仁」義，事事「豪」氣。（仁豪）

（4）家家「宜」家「宜」事，社會「臻」臻日上。（宜臻）

（5）「美」豔四射，友「誼」長存。（美誼）

以上作品掌握「雙關」中諧音和諧義的特質，只是在內容的完整性和細緻性，未若前述優秀作品的深刻。

例（1）、例（2）和例（4）皆是利用中國字「一音多字」的諧音原則，採取的「諧音雙關」。

例（3）和例（5）是採「增字法」將名字引而申之，於使

用上展現學子的多樣性和靈活性。

3. 欠佳作品

（1）「偉」巴是「丞」色的。（偉丞）

（2）「閔」天投票請投給最「傑」出的人選。（閔傑）

（3）太「楊」下的「子」羅蘭「瑩」得大家的讚賞。
（楊子瑩）

以上作品是勉強將名字組合，卻無法顯現音義上的表達完整。

例（1）偉丞採諧音雙關，將名字組合成：「偉」巴是「丞」色。然內容上，不知所云，僅只是文字堆砌而已，就邏輯的思維方向而言，懂得「雙關」的初淺形式意義，未能抓住實質運用內涵，讓文句展現有意義的機智。

例（2）閔傑對「諧音雙關」的掌握亦失當：「閔」天投票，初始以為是「每天」之義，後經詢問學生，方知是想要表達的是「明天」，在諧音的運用上造成錯覺，不知究竟是表達的真正內涵，屬欠佳作品。

例（3）楊子瑩將名字強迫組合後，成為：太「楊」下的「子」羅蘭「瑩」得大家的讚賞。其想使用的亦是「諧音雙關」，但紫羅蘭為何會在陽光下，且贏得大家讚賞？語意混沌不清，未能入人意中。

（三）教學省思

1. 教學過程

（1）「名字」的新體悟

　　利用自己的名字強迫組合成「雙關」語句，其實很受小朋友歡迎，而且對自己的名字有更深一層的體認。在處理「雙關」修辭格時，要學生用自己的姓名（名字）強迫組合出廣告文宣或是廣告標題，剛開始學生很頭大，認為自己的名字很難放在一起組合。

　　經過老師引導，加上舉用許多日常生活實例，尤其是廣告招牌的創意，或是選舉時候選人的文宣標語，大都會使用「雙關」，將名字置放於廣告看板上。學生這才發現原來生活中有如此多的「雙關」創意，益發覺得這樣的語文課程充滿了無窮創意及樂趣，創意組合完自己的姓名後，還可想出許多「雙關」的組合，漸漸展現敏覺力；此際，他們對自己的名字有另一番體悟，名字不再是名字，已賦予了新的生命。

（2）最常使用「增字法」

　　小朋友在「強迫組合法」帶出「雙關」修辭格教學中，迸發創意。較好的作品圖文並茂，內容和意義頗能吻合。小朋友在「雙關」的使用上，發揮「一音多字」、「一字多義」的語言功能，使之成為諧音、諧義「雙關」。歸納學生作品，最常使用的是「增字法」，增添字詞，引而申之，形成「雙關」；在語言系統的轉換上（英語、國語、方言之間）形成「雙關」，最常使用國語，英語或方言幾乎沒有；省略標點符號或字詞，形成雙關者，亦付之闕如。可見這二者對學生而言是難度較高。

精進力強的學生，造出的文宣還有「對偶」修辭，而且音、義「雙關」。較弱的學生使用上較無新意，而且甚至連諧音「雙關」都不懂得使用，造出的文宣彷如判斷句，較為可惜。

好的「雙關」作品，除發揮其諧音、諧義之聯想、引申之外，應更有新意，有新解，讓人一下子想不到，又能言之成理，會心一笑。然此類作品在國小學生的認知思維上，比較難做到，因其對語文質量的理解有限，歇後語和多國語言系統轉換亦受限其認知與環境，所以，引申義的「雙關」較難完成。

（3）「雙關」的正確使用

「雙關」是透過語文表面形、音、義聯想與它相關的實際內涵，從弦外之音獲得啟示，使語言幽默，饒富風趣。其是利用音義的變異，將其巧妙聯繫，形成別具特色的表達效果。「雙關」具雙重意義，明的只是表面意思，暗藏的意義才是作者本義所在，需要明晰形象，使人容易領會，既要蘊藉含蓄，又不可晦澀難懂。有些人把「雙關」看成低俗的文字遊戲，認為「雙關」不登大雅之堂。其實，偶一為之，不僅無損文章本身，有時反而更增添幽默和趣味。

另外，「雙關」貴在創新使用，開顏解頤。若別人已用過多遍，就不宜一再「炒冷飯」，毫無新鮮感，甚會令人倒盡胃口。使用「雙關」還須注意特定的語境及語境中人物與事物間的關係，以免讀者以自己的語境知識自行理解，出現「冷笑話」。

（4）結合歇後語和諺語或猜謎，進行教學

巧設「雙關」，妙趣橫生。「雙關」可結合俗諺或猜謎進行教學，中國許多的諺語就是利用「雙關」語音、語義進行的聯

想組合，如：

①外甥打燈籠——照舅（舊）。
②禿子撐傘——無髮（法）無天。
③學生多四眼，苦讀成「進士」。（「進士」與「近視」
　同音）[7]

電視或廣告中的文案亦可助益於「雙關」教學，如：

①同「肝」共苦如何得了。（B型肝炎患者多痛苦）
②人類失去「聯想」，世界將會怎樣。（聯想電腦廣告
　語）
③聰明不必絕頂，慧根長留。（治脫髮藥水廣告語）
④我們班的班「長」，舌頭真「長」。

中國古老的諺語充滿了智慧，其中有許多便是使用「雙
關」；另可結合歇後語或猜謎進行雙關教學，生動活化教學的
趣味。如利用歇後語認識台灣地名：

①身懷六甲——大肚（台中縣）。
②Yello——野柳（台北縣）。[8]

7　中國時報報紙標題，引自黃慶萱（2002）《修辭學》，頁439。
8　「Yello——野柳」就狹義而言，是「異語」（「異語」包含外國語、漢語、方言與
　各行各業的特殊語詞。）；就廣義而言，是「雙關」。如：「樂捐」——「勒捐」，
　這是「雙關」；「樂捐」——「不樂之捐」，這是「倒辭」（反語）。

③兩好球三壞球──南（難）投。

諸如這樣的歇後語，就是利用了「諧義雙關」（身懷六甲──大肚）、「語言系統轉換」（Yello──野柳）、「諧音雙關」（兩好球三壞球──南（難）投）讓語文充滿樂趣，增加語文藝術情趣。

（5）釐清「雙關」和「倒辭」（反語）

「雙關」，有些是正面，有些是反面。如二個家長爭著炫耀自己的孩子有多優秀：

甲說：「我的孩子真是厲害，無人能及，他在班上可是數一數二的呢！」乙不甘示弱的也說：「那有什麼！我的小孩從小到大可都是『數一數二』的呢！」結果，乙的「數一數二」是指數數兒只會數一和數二，不會數到三。這樣「雙關」的反語可造成詼諧幽默、出人意外的特別效果。又如：希望說服人家戒煙，說：

抽煙的好處可真不少：①永遠年輕；②小偷不偷；③惡狗不咬。

乍看似是鼓吹抽煙好，怎會是戒煙廣告呢？細說內容後情況便大逆轉，其實是敘述抽煙有礙健康：

①抽煙不利身體，有的早年就去世，所以永遠年輕；
②容易得氣管炎，夜裡經常失眠咳嗽，小偷聽見不敢上門偷；

③吸煙多了咳咳咳，咳得直不起腰，狗以為是欲撿石頭
　丟擲，跑得遠遠的，即使是惡狗，亦不敢靠近不咬。

　這樣的「雙關」，綿裡藏針，結合「倒辭」（反語），正話
反說，形成反諷，讓人記憶深刻。
　（6）流行用語和廣告用語
　「雙關」利用語言音義的相似性，藉助聯想以達到真正表
達動機目的。只要我們用心觀察，就會發現日常生活中有不少
具創意的雙關語。如：

　①現代家庭主婦當「省長」（省長一說台灣省的省長；
　　亦說節省金錢開銷的人）。
　②最好的辦「髮」是寬容。（髮禁如火如荼的被討論，
　　所以，辦法（髮）要寬容）

　　這樣的例子不勝枚舉。實施「雙關」教學時，若能配合
「廣告大搜密」，請學生仔細觀察生活周遭的廣告或文宣所出
現的「雙關」修辭格，並關心自己生活的環境，更可驗證「雙
關」修辭在日常生活中使用之廣，「雙關」之無所不在，對語
感之提升大有助益（參見表 2）。[9]現代日常生活中，年輕人的
語言常使用「雙關」，如：以數字諧音表現情緒，「2266」（閩

9　陳忠信（2003）〈國中國文雙關修辭法與語文教學應用〉即是討論廣告及流行歌曲
　中「雙關」修辭格運用，認為可藉由與學生日常生活息息相關的電視廣告結合「雙
　關」教學，可提高興趣產生正面作用。然須教導學生正確的書寫認知觀念，勿因使
　用「雙關」，而使文字產生書寫上的混淆與污染。

語「零零落落」諧音)、「56」(無聊)、「5845201314」(我發誓我愛你一生一世)、「59420」(我就是愛你)等;或台語或外來語諧音,「3Q」(英語「Thank you」,謝謝)、「烘焙機」(英語「Homepage」,網頁)、「OBS、OGS」(台語:歐巴桑、歐吉桑)、「英英美代子」(台語:閒著沒事)、「賣丫勒共」(台語:不要這麼說)、「丫里丫豆」(日語:謝謝)等。

在日常生活中,隨手隨處可看到許多廣告,廣告文宣為了讓人印象深刻,常常使用「雙關」修辭讓你加強印象,包括政治人物的選舉文宣也是一樣,「雙關」使廣告台詞更具創意、更饒富趣味,讀了令人興致盎然。可利用這些廣告或語言系統轉換進行教學,以收教學成效。如:

表 2 「雙關」廣告標語

雙 關 廣 告 標 題 語	出 處 說 明
台鐵「撞」況連連	聯合報報紙標題
「玩」(完)美女人,能不用心?	女人心機手機廣告
肯德基豪情壯「翅」,最能激勵壯士	肯德基
「師」情畫意,他是最有耐心的「耐師」:真正的 nice。	師生書畫聯展
不要「稅」,全民不要「稅」。	稅捐處
禮上「碗」來連環送　一卡在手神氣活「現」	銀行辦現金卡
「夏」(下)降行動,放暑「價」(假)馬上得好康	家具拍賣
中山「衣」學院	服飾店店名
「菲夢絲」完美女人「非夢事」	塑身美容名店
不買「鈦」可惜	寶島眼鏡行

雙 關 廣 告 標 題 語	出 處 說 明
「金生金飾」	金飾店
你吃「丸」了嗎？	桂冠貢丸
就是愛玩過「頭」	造型髮雕
紙有「春風」最溫柔	春風面紙
達美樂，打了沒？	PIZZA
啥米是「青」，台灣啤酒尚青（台）	公賣局／台灣啤酒

2. 創思技法

（1）組合展現創意

　　許多乍看下匪夷所思、異想天開的思路和想法，都有必然的關聯性蘊涵在內。善於運用事物間關聯性進行思維和創意的人，往往是從表面看來沒什麼關聯、毫不相干的事物中，發現當中隱含相關性，從而聯結組合成新的思路，別出心裁，獨闢蹊徑，展現超越思維的高度智慧力。

　　進行聯想和組合，常常能創造新的形象；將原本沒有聯繫的各種形象組合起來，也能構成新形象，這是高度創意的另一展現。用自己的名字組成「雙關」，是強迫組合的方式，在缺少語境的情形下，形成自由聯想的雙關。雙關宜加引號（「」），代表用意特殊。好的雙關能展現音、義上的機智。雙關字若不加上「」，可能會誤以為是錯別字，而誤解其義，造成破壞語文之美的窘境。是故，實施教學時，告訴學生「雙關」字句須加上「」或用斜體和不同顏色的字體增大其字詞或加上粗黑體，使之一目了然。

（2）兼格使用

強迫組合自己名字進行雙關，學生常會結合「對偶」進行習做，似此兼格現象，正是語文藝術性的激發，正可提升語文質量。

四、結論與建議

愛因斯坦（Albert Einstein）說：「想像力比知識更重要，因為知識是有限的，而想像力概括著世界上的一切，推動著進步，並且是知識進化的源泉。嚴肅地說，想像力是科學研究中的實在因素。」[10]「要是沒有能獨立思考和獨立判斷的有創造能力的個人，社會的向上發展就不可想像。」教學的藝術不在於傳授的本領，而在善於激勵、喚醒和鼓舞。教學過程的實質應是「用教材教」，而非「教教材」。語文創意教學能提升學生語文質量，訓練學生立體思維，培養莘莘學子的創造性思維。

---

10 許良英譯（1979：284）《愛因斯坦文集》第三卷：「想像力比知識更重要，因為知識是有限的，而想像力概括著世界上的一切，推動著進步，並且是知識進化的源泉。嚴肅地說，想像力是科學研究中的實在因素。」

參考文獻

朱作仁（1984）。小學語文教學心理學。哈爾濱：黑龍江人民
　　出版社。

朱作仁、祝新華（主編）（2001）。小學語文教學心理學導論。
　　上海：上海教育。

宗廷虎（1995）。漢語修辭學 21 世紀應成顯學。修辭學習，
　　1995（3）。

林明進（2003）。理解與分析的寫作。台北：國語日報出版
　　社。

林建平（1990）。創意的寫作教室。台北：心理。

姚亞平（1997）。當代中國修辭學。廣州：廣東教育。

胡性初（1994）。大陸與香港中學語文（漢語）修辭教學的比
　　較──談語文（漢語）教學與工作。載於謝錫金主編「中
　　文教育論文集」第二輯（下冊）。

郅庭瑾（2004）。教會學生思維。北京：教育科學出版社。

張文新、谷傳華（2004）。創造力發展心理學。合肥：安徽教
　　育。

張世彗（2003）。創造力：理論技術技法與培育。台北：張世
　　彗。

張正男（1993）。語文遊戲：語文活動設計的理論與實際。台
　　北：師大書苑。

張春榮（2004）。修辭學在「讀」與「寫」教學中的運用。國

　　文天地，20（4），20-26。

張春榮（2005）。國中國文修辭教學。台北：萬卷樓。

張春榮（2006 年 3 月 29 日）。國小常用辭格。國語日報，13
　　版。

陳忠信（2003）。國中國文雙關修辭法與語文教學應用。修辭
　　論叢第五輯，221-250。

陳麗雲（2006 年 3 月 1 日）。正視修辭格教學。國語日報，13
　　版。

馮瑞龍（1994）。中文修辭教學和廣告修辭學。載於香港語文
　　教育學院舉辦之「93 年國際語文教育研討會論文集——
　　語文和學習」（頁 409-414），香港。

黃慶萱（2002）。修辭學。台北：三民。

潘仲茗（1994）。談語文課堂教學改革。載於謝錫金主編「中
　　文教育論文集」第二輯（上冊）。

國小高年級國語科「映襯」
修辭格教學研究

（此篇論文發表於 2006 年 10 月 20 日，教育部主辦之
「2006 台灣教育學術研討會」，並榮獲最佳論文推薦）
論文發表人：張春榮（國立台北教育大學教授）
　　　　　　陳麗雲（台北縣修德國小教師）

摘要

　　本文旨在探究國小語文領域中國語科修辭格教學。語文能
力高低攸關知識經濟，更影響國力強弱。欲提升莘莘學子語文
能力，就須從提高語言表達效果的修辭格教學入手。修辭格教
學是語文教學的重要內容，始於提高聽讀說寫的能力，終於訓
練和提高思維能力、創造性能力。九年一貫的修辭格教學，不
再是傳統「修辭學」的全盤托出，而是取精用宏，重新設計，
養成學子語文表達能力的最佳媒介。本文「映襯」修辭格教學
活動設計，秉持「以教師為主導、以學生為主體、以設計為主
線」教學模式，配合國小高年級學生認知心理，進行修辭格教
學活動示例。期能啟發引導學生積極思維，努力創新，優游於
語文創作的天空，讓語文教學「活」了起來，發展語文教學生
活化、趣味化、多元化面貌。

關鍵詞：修辭格、修辭格教學、映襯、比較教學法

Abstract

This thesis describes the rhetoric teaching of Mandarin in Language Arts in the elementary school. The purpose of the Grade 1-9 Curriculum of rhetoric teaching is to teach the students how to develop the best expression ability of communication. This teaching activity is based on the pattern: guided by the teacher, developed and designed by the students. The main of this thesis is to make the language teaching lively, interesting and diverse.

Keywords: Figures of speech (rhetoric), rhetorical teaching, Paradox

一、前言

　　語文是國家的命脈，是所有學科的基礎；語文教育是國家教育的基石，更是國家強弱的重要指標。現代學生被認為語文能力持續下降低落，嚴重拉起警報，令教育界學者及基層教師們憂心不已。教育部及各縣市政府為了提升莘莘學子語文能力，制訂許多相關辦法與積極規劃相關課程。如教育部正視到新生代學生國語文程度低落問題的嚴重性，於 94 年 5 月 24 日宣布將成立「國語文教育專案小組」，委請學者專家研究評估，通盤檢討與研議國語文教育；台北市為提升學生國語文，更研議提高授課時數，促進教學效能。筆者認為，大凡教學效能絕非上課時數的數量多寡所能解決；重點應是加強語文創意教學，「寓教於樂，寓智於美」方是語文教學的重要指標，讓學生樂學，教師樂教，學生語文質量才能大大有效提升。

　　修辭格本身就是充滿創意語言的表達方式，修辭格教學更是充滿創意的教學。文章始於意而成於辭，要充分表達作品思想情意，必須重視語言錘鍊、辭采藝術加工；換言之，修辭格教學是教導學生傳情達意的優質方式。職是之故，筆者期許教導學生從修辭格入門，從中習得語文之奧妙，陶醉於語文之馨香，提升語文能力，體現審美生活。

二、修辭格教學

　　語文教學應是語言智能與非智力的涵養藝術，修辭格教學是創造美感、提高語言教學效果的上課藝術。「語文教學的進一步發展，就要走上修辭學、風格學的道路。」（呂叔湘，1983）是故，國小修辭格教學絕不能輕忽，亟須正視與努力。

（一）修辭格教學意涵

　　中文之美，貴於繪畫性、音樂性、字義性的綜合呈現，修辭學正是研究語文蘊含深厚的文化內涵、豐盈的文化意義與人文精神的一門學問。修辭格教學源於修辭學，然而，修辭學重理論，講系統；修辭格教學重實務，貴活用。是故，欲提升學子語文質量，在小學語文教學中，理應重視修辭格教學。

　　大抵而言，修辭格教學是將修辭格技巧融入教學的一種方式。然而修辭格教學，並非把修辭格理論硬生生的向學生講解、灌輸或乏味的記憶背誦。而是教師透過生動有趣的修辭格教學活動，將修辭格「融入」教學之中，讓學生於遊戲、生活或練習中領悟修辭妙用，使學生能喜愛並活用修辭格，啟動孩子文學心靈。換言之，修辭格教學是指對修辭格理論及現象分析和運用知識的傳播，目的在於提高學習者的修辭格鑑賞和實際運用能力。修辭格教學不僅是修辭格規律手法的介紹、實踐，更是對學生語言美的教育，對學生道德品質、思想情感的薰陶，它所研究的是美的規律在語言中的體現，是對學生進行語言美的教育過程。

　　宗廷虎（1995）道：「漢語修辭學 21 世紀應成顯學。」筆者認為除體認修辭的重要外，更須找到適當有效的方法，將修辭格教學發揮其「有力、動人」的要求。王力說道：「若拿醫生來作比喻，語法好比解剖學，邏輯好比衛生學，修辭好比美容術。」所以，修辭格教學的目的，顯然是教會學生能運用語文「說得更好，寫得更好」。

　　修辭格是修辭學最重要、研究最多、表現也最亮麗的部分；修辭格是思維規律的表現。姚亞平（1997：215）《當代中國修辭學》謂：「《修辭學發凡》最精采部分之一也就是它的修辭格研究。」所以才會形成「辭格中心論」，因為修辭格研究能集中而典型的體現形式化、概念化、類別化等學術特徵之型態。本文修辭格教學，旨在研究如何把修辭格教得生動活潑有趣，如何讓孩子喜愛修辭，善用修辭格；在運用重要修辭格上，能確實明白修辭格運用的原則與方法，使修辭格教學由「是什麼」（What），提升至「如何達成」（How）的層次，寫出精采動人的佳句。

　　綜上所述，修辭格教學是在教學活動中，直接教導學生如何運用適切的修辭格，描寫或說理事物。修辭格教學旨在提供有效的方法，明確的辦法，讓學生利用修辭格寫出優美的作品。修辭格教學不宜只是修辭格的乏味記誦，應為活潑的「教學活動」。修辭格教學應在遊戲中親近，在練習中領會，在生活中妙用。九年一貫的修辭格教學，不再是傳統「修辭學」的全盤托出，而是取精用宏，重新設計，養成學子語文表達能力的最佳媒介。

（二）國小修辭格教學的新向度

小學國語文教學的主要任務，是培養學生實際使用語言、文字的能力。修辭格教學，從提高語文教學質量來看，它直接關係到閱讀、寫作能力的提高；從培養學生語言美來看，它是提高學生精神文明和語言修養的重要課題；從時代的要求來看，它與提升國家競爭力需要菁英優秀人才有著密切的關係。因此，在小學中實施修辭格教學，其重要性自不待言。

目前許多國小學童，即使到了五、六年級，他們對於句子的結構，乃至修辭格的認識，依然薄弱。學生大部分只會辨認感嘆句、疑問句、敘述句或少數修辭格。若干程度較佳的學生能寫出好文章，但缺乏修辭格觀念，總令人惋惜。「修辭格」就好像文章的衣服，什麼時候要舒緩雅致，什麼時候要排比有力，什麼時候要對稱工整，什麼時候要呼告哀矜，要讓學生明白，要使文句華美或遒勁，就要適當運用哪一種修辭格。

無可置疑，欲提升學生語文質量，加強美的語言欣賞，即從修辭格教學開始。筆者認為修辭格教學，能欣賞、運用修辭之美，淨化心靈，拓廣胸襟，提升精神生活美境，享受無窮的美感經驗，進而開創健康、快樂、幸福的人生。國小高年級學生正處於創造力發展關鍵時期，[1] 筆者希望能以修辭格為基石，加強國小高年級孩子靈活應用語文能力，發揮語文創思藝

---

1 陶倫斯（Torrance）得出關於兒童創造力發展的動態過程的結論：小學一至三年級呈直線上升狀態；小學四年級下跌；小學五年級又回復上升；小學六年級至國中一年級第二次下降；以後直至成人基本保持上升趨勢。（轉引自郅庭瑾（2001：52）林崇德（1995：168）亦道：小學一、二、三年級是辯證思考萌芽時期，四年級是辯證思考發展的轉折期，五年級和六年級為辯證思考穩定發展時期。

術。「九年一貫」的語文學習領域中，基本理念敘述得很清楚明白：「語文是學習及建構知識的根柢，語文學習應培養學生靈活應用語文的基本能力，為終身學習奠定良好基礎。」「語文是溝通情意、傳遞思想、傳承文化的重要工具。語文教育應提升學生思辨、理解、創新的能力，以擴展學生的經驗，並應重視品德教育及文化的涵養。」好的作品除了正確的文法外，尚須優美的修辭以蘊藏無限的魅力，更須有「真心」，[2]——打開修辭的第一把鑰匙。

(三) 國小修辭格教學現況

修辭格教學是如此重要，對國小教師而言，如何教（具體方法）？教哪些（範圍）？先教哪些修辭格（序列性），如何進行教學（教學過程），使學生感到新鮮有趣（興趣），提高教學質量，是教師急切關注、亟待解決的問題。

陳麗雲（2006）認為：「修辭格教學，若只停留在修辭格僵化的辨識，制式理論的說明，靜態分析修辭格數量的起伏，對語文教學及對修辭格教學都是困乏而不足的，是縮小了『修辭格』的內涵，使多采多姿、興趣盎然的修辭格教學，內容變得片面狹窄、枯燥乏味，將修辭格教學引入誤區。」胡性初（1992）《實用修辭》中提及：「修辭教學的現狀有三：（一）、修辭教學大綱——空白；（二）、修辭教學的重點——不明；（三）、修辭教學往往依賴——教參。」胡性初（1994）研究

2　譚全基（1994：7）：「修辭並非單純技巧問題，我們所用的每一個詞都反映了我們的思想、生活、教育、修養。」（《修辭新天地》）亦即我們所講所寫的每一句話皆是心理狀態的外在顯現。

大陸及香港地區關於修辭教學的狀況，他更指出：「不論是大陸還是香港，都沒有把修辭教學提到語文教學的重要位置上，都是以修辭格的辨識為中心的教學模式。這其實都是把修辭當作語文教學中的一種點綴，從而，把修辭教學引向了誤區」。[3]馮瑞龍（1994）亦指出香港中、小學修辭格教學存在著「缺乏系統、修辭格的分類混亂、修辭格教授的體系和方法偏頗」的弊病。

其實台灣地區亦然。修辭格教學的研究，僅止於停留在修辭學理論與修辭格辨析及數量分析的起伏，老師強調的是「分析這屬於何種修辭格？」修辭格名稱術語總是沒有依循的標準，如「比喻」有稱「譬喻」，「擬人」有稱「比擬」、「轉化」等等；先教什麼修辭格，再教什麼修辭格是隨性未見序列。是故，現行小學中未能真正走上修辭格教學之路，甚至修辭格教學在小學中是失敗的。小學中修辭格教學存在許多問題，這種教師意識淡薄、教學重點偏頗、教法陳舊單一、術語名稱混淆、辭格序列未定的修辭格教學現狀，使基層教師無所適從。

筆者認為：修辭格教學，要依照系統性和循序漸進的原則，有計畫的安排教學內容。修辭格教學，要教會學生識別修辭格，劃清修辭格與非修辭格的界限，劃清各類修辭格之間的界限，並且了解各個修辭格的性能與效用。修辭格教學宜「抓重點」，「學精采」，須把握重要修辭格，並能確實運用各重要修辭格；修辭格教學應明確教學意義，抓住修辭運用實質；修辭格教學應及早制定出教學大綱，使修辭格的教與學都有所衡

---

3 胡性初（1994）。《大陸與香港中學語文（漢語）修辭教學的比較》──談語文（漢語）教學與工作。收錄在謝錫金主編《中文教育論文集》第二輯（下冊）。

準；修辭格教學應透過由語文知識的灌輸晉升到智力創意的培養，進而進入美育的薰陶；修辭格教學的目的、具體內容和要求須予以明確規定，師生方有統一、可遵循的標準，充實教學內容；修辭格教學應改進教學方法，結合創思教學技法，提高教學樂趣；應動靜結合，利用遊戲、活動、視聽影像等媒介豐富教學，激發學生學習興趣，感受修辭格之美趣及情韻，以收教學效果；修辭格教學應強化學生修辭技巧和綜合能力的訓練，設計融貫知識性、情趣性和實用性之教學，使其更生活化、多元化、趣味化，以展現修辭格之音樂性、圖畫性與其意義性，讓修辭格教學真正活化、生動有效，培養學生真正學習帶得走的能力。

修辭格教學能提升學生語文質量，由「說得正確」，臻至「說得好」、「說得巧」、「說得美妙」，教師們應正視修辭格教學，開發修辭格教學新向度，讓學生在遊戲中體會，在練習中精進，在生活中妙用。讓修辭知識由陳述性邁向程序性，由工具性邁向藝術性，由規範性邁向創造性，當是國小修辭格教學努力的方向，以達到「玩深刻」、「抓重點」之修辭教學目標。

(四)「映襯」修辭格教學

張春榮以實用性與學術性出發，歸納出國小常用十個修辭格，[4]並提出「辭格教學序列」（張春榮，2005：23）。表列如

4　張春榮（2006）〈國小常用辭格〉：「確定國小常用修辭格方式有二：（一）藉由歸納、統計，由國小國語教科書切入，由實用性出發，依據量化比例（辭格出現次數），確立國小常用辭格。（二）藉由演繹、系統，由學術性出發，掌握修辭理論核心，依據能力指標（想像力、思考力），釐清修辭中重要辭格，並確立國小『理應』學習的常用辭格。」歸納出國小常用十個辭格，分別是比喻、擬人、誇張、雙

下：

表 1　辭格教學序列表

第 一 階 段	第 二 階 段
比喻、擬人、誇張、雙關、類疊	對偶（形式上對比）、映襯（內容上對比）、排比、層遞、頂真
五種	五種

（張春榮，2005：23）

　　相信由此劃分，修辭格教學才能在豐富想像力的開發上，有所進階；才能在寫作能力培養上，形成序列；也才能讓日益繁瑣的「修辭格教學」，綱舉目張，脈絡清晰，自成鮮明易懂的理論系統。

　　其中，「映襯」修辭格是國小修辭格最重要的二個修辭格之一，[5]是由字句修辭邁向篇章修辭的基礎。在教學實務上，對國小教師而言，「映襯」教學感覺相對吃力，學生容易混淆，不易達至教學目標。國小學生認知心理發展是由具體形象思維，過渡到抽象思維，未達至辯證思維階段。「映襯」對學生而言，較抽象晦澀難懂，教師教學相對困難棘手。是故，筆者本文聚焦於「映襯」修辭格教學，進行教學活動設計。

關、類疊、對偶、映襯、排比、層遞、頂真。（《國語日報》2006/03/29 第 13 版）

5　國小重要二個辭格是「比喻」和「映襯」。張春榮認為（2005:23）：第一階段修辭格教學，可以以「比喻」為核心，兼及「接近聯想」、「相似聯想」為主的辭格（如：擬人、誇張、雙關、類疊），偏字句修辭；第二階段以「對比」為核心，兼及以「相對聯想」為主的辭格（如：對偶、映襯、排比、層遞、頂真），偏篇章修辭（結構設計）。

1.「映襯」的定義

黃慶萱（2002：409）道：「在語文中，把兩種不同的，特別是相反的觀念或事實，貫串或對列起來，兩相比較，互為襯托，從而使語氣增強，使意義明顯的修辭方法，叫做『映襯』。」但本文採用的是廣義的「映襯」，張春榮（2005：19）認為簡單的說，「映襯」是內容意義上的對比，[6]分為三類：

（1）反襯

對一事物或人，用相反或「矛盾」的詞語形容描寫。

（2）對襯

對二種不同的人、事、物用二種不同的觀點加以形容描繪。

（3）雙襯

針對同一人、事、物，用二種不同的觀點加以形容描述。

2.「映襯」的作用

「映襯」是認知思維的辨析，能突出事物主體，表達強烈思想感情，增強語言表達鮮明性，予人深刻感受。其作用分別為：

（1）反襯

就同一對象本身，運用矛盾語法，展開「相反相成」的敘述，形成對立的統一。

6　「映襯」見於陳望道（1989）、黃慶萱（2002）、董季棠（1981）、沈謙（1991）、黃麗貞（2002）、杜淑貞（2000）、陳正治（2001）、蔡宗陽（2001）等。事實上，大陸學者有主張用「對比」者，如：王希杰（1983）《漢語修辭學》、王勤（1995）《漢語修辭通論》、張至公（1997）《修辭概要》、；亦有主張用「對照」者，如楊子嬰、孫芳銘、王宜早（1987）《文學和語文裡的修辭》、黎運漢、張維耿（1991）《現代漢語修辭學》等。

（2）對襯

自兩個不同對象（不同主語），運用對等語法，展開不同語境的鮮明對比。

（3）雙襯

自同一對象（同一主語），運用矛盾語法，展開兩種相對觀點的思維，形成對立的統一。

好的「對襯」，兼及「對偶」之美；好的「雙襯」、「反襯」，呈現深層的複雜，呈現弔詭的真實（似非而是）。是故，「映襯」以強烈的對比，以此襯彼，使被陪襯者產生鮮明生動的形象，感情的表達更充分；利用反襯，以非襯是，使事物褒貶分明，使事物的矛盾鮮明凸顯；二件完全相反、矛盾的事物放在一起對照，亦可以產生嘲弄的效果，給人深刻的印象。

3. 以「比較教學法」進行「映襯」

世界事物的普遍聯繫性和異同性是「比較教學法」的客觀物質基礎。掌握事物「共性」，利用求同視角將看似不相關的事物統一起來，形成新的創意；掌握事物「異性」，運用求異視角從中找出相異屬性，新穎獨特的特殊價值與生命力，才能卓然不群。有比較才能有鑑別。呂叔湘（1983：137）：「一切事物的特點，要跟別的事物比較才顯示出來，語文也是這樣。」區分事物的異同，第一步就是比較，它既是一種思維方式，也是一種具體的研究方法和教學方法。葉聖陶（1980：59）論述及教學方法時認為：「最要緊的還在多比較、多歸納、多揣摩、多體會」。可見，「比較教學法」是進行修辭格教學的重要方法。本文透過「比較教學法」，讓學生經歷動態教學相比對照，知道為什麼這麼寫比較好，那麼寫為什麼比較不

好;原稿經過改稿之後,為什麼變得更有力、更動人,讓學生身歷其境動態的比較,具體感受美的語言藝術。

三、「映襯」修辭格教學設計實例

本文「映襯」修辭格教學之教學活動設計,秉持「以教師為主導、以學生為主體、以設計為主線」教學模式。先有「引導語」帶入,繼而陳述教學要點、教學設計。復次,學生作品歸納分析,分「優秀作品」、「正確作品」、「欠佳作品」加以歸納分析。最後以教師實施教學後之教學省思做結,省思教學活動進行之優缺及建議。

(一)教學實施

1.引導語

如果沒有壞朋友來做為比較,可能感覺不出好朋友的珍貴;如果不是走過逆境,又怎麼會知道無波無擾的日子其實得之不易。只有懂得人生好壞相參本質之後,也才會懂得,真正令人心動的,不是錦繡大道上易凋的玫瑰,而是崎嶇小路中偶遇的小花草。既然最令妳印象深刻的幸福時刻,是抬頭看見陰霾天空中,從烏雲後透出來的耀眼陽光,那麼,陽光雖然美好,烏雲的存在也一樣重要。有人說:毛毛蟲是醜陋的,然而,沒有醜陋的毛毛蟲,哪來的繽紛蝴蝶?

愈是平凡無奇的事物,愈能彰顯出深刻的意義。傷心欲絕的時候,一句溫暖的問候分外感到溫馨。人生而有情,感情豐富的人懂得珍惜幸福,我們每個人自小都很期待過著幸福的日

子，窮極一生追尋幸福，然而，始終遍尋不著，始終覺得幸福好遙遠、好陌生。幸福在哪裡？要去哪兒尋找它？有人踏遍鐵鞋也尋覓不著，彷彿追求「幸福」是件很難的事。

　　其實真正的幸福，就是每天準時上下課，下課後能跟家人一起吃飯、看書、聊聊今天的心情……。看似平常例行的煩瑣小事，其實才是最幸福的事，是真正的「幸福」。原來，「幸福」就在你身邊，根本不用跋山涉水去尋找；「幸福」是這麼的簡單，一點兒也不艱難；而最艱難的事，是如何將最平凡簡單的事，持續地維持；將最幸福的簡單事，永遠的珍惜！

2. 教學要點

（1）平行並列關係

　　「映襯」是內容上的「對比」，所以要抓住二個平行正反對立並列的觀念（事物）。如：苦與樂、難與易、黑與白，使之產生對比效果，突出事物的性質、狀態、特徵，使好的顯得更好，壞的顯得更壞，大的顯得更大，小的顯得更小，使事物顯得更透徹，更全面。

（2）遠距原則

　　「映襯」強調對比性、相對性，所以須掌握遠距原則。對比關係越強烈，印象越鮮明。如「白天和黑夜」就是一個鮮明的對比，若是「白天和黃昏」雖是對比，但強烈性不如「白天和黑夜」鮮明。所以，在選擇內容時，須多加選擇對比性強的使之更鮮明。應用「映襯」時，事實可誇大，言詞要含蓄。如：「小小的手握住整個宇宙。」表現命運操之在我的豪氣；若寫成「小小的手撐住大大的球。」內容就失去語感和力道。

（3）以「比較法」學習「映襯」

　　任何一樣東西，自己是無法比較的，一定要兩個以上的東西擺在一起，才可以比較。有比較才有鑑別。「映襯」就是對比，動靜、冷熱、好壞、有無，是對比；膽小和勇敢是一種對比……。鏡子前面的我們是實、是真、是立體，鏡中的影子是虛、是假、是平面……，透過比較，感受才能強烈鮮明，印象更深刻。所以，「映襯」透過「比較法」是個很適當的學習方式。

（4）結合其他修辭格

　　「映襯」可結合「比喻」、「象徵」、「對偶」、「排比」、「雙關」等修辭格加強表達，更豐富語言之美。如：

> 白天是太陽先生活躍的舞台，黑夜則是月亮小姐甜蜜的夢鄉。（映襯、比喻、擬人）
> 勤奮是點燃智慧的火花，懶惰是埋葬天才的墳墓。（映襯、比喻、對偶）

　　二並列事物有主從、賓主關係，「從」主要是襯托「主」。「映襯」強調內容對比，形式不必太工整。

3. 教學設計

（1）黑點和白板

　　白板上點上一個黑點，你看到的只有一個黑點嗎？往往會忽略那麼大的白板嗎？你看到的是什麼呢？每個人身上都有一些優缺點，但是你眼中是否只有看到別人身上黑點，卻忽略他擁有一大片的白板（優點）？

（2）唱反調

　　事情總有正反二面，看事情態度、角度不同，就會有不同領略。生活中有許多事，多看多想，加以比較，便能有深入的體會。這些體會都是很好的智慧，也是生活中的寶貝。試從正反二面思考或觀察，造出「映襯」的句子。就像「唱反調」，有時說反面意思，能使正面意義更突出。如：

　　　我讀書都讀在背上，他讀書倒真讀到心坎兒裡了。

　　這樣的對比擺在一起，充分鮮明生動表達出二人不同，一個是有讀沒有懂的「讀在背上」，另一個則是心領神會的「讀書倒真讀到心坎兒裡了。」

（3）習作

　　試著造出兩個語詞，且兩者間意義相反的句子。例如：令人「厭惡」的「吸引力」、「自私」的「分享」、「富有」的「窮人」等。找出兩個相反矛盾的主題，比較它們的異同，再創作「映襯」的作品。

（二）學生作品分析

1. 優秀作品

（1）今天的我哭泣，明日的我微笑。（旻璇）

（2）說一句好話，如口出蓮花讓人覺得好舒服；說一句壞話，如口吐毒蛇，讓人受傷。（仁忠）

（3）他的身上穿著考究名牌，嘴裡吃得山珍海味，出門開

著豪華賓士，而大腦中卻一貧如洗。（小諭）

（4）多做多得，少做少失，盡多少本分，就得多少本事，懶惰的人最貧窮。（旻璇）

（5）相當年，蔡奶奶是一個面色紅潤、青春飛揚的美少女；如今，蔡奶奶已是白髮蒼蒼、滿臉皺紋的老婦人。（小諺）

（6）陳至中家的外表很富麗豪華，家中的設備卻很蕭條簡陋，真是「外強中乾」。（小諭）

好的「映襯」，兼及「對偶」之美，襯托出欲強調表達的事物，意義呈現鮮明對比，是對立的統一，隱含特殊的道理。

例（1）中以對偶形式：「今天的我哭泣，明日的我微笑。」「今天的我」對「明日的我」；「哭泣」對「微笑」是單句整齊的「對偶」。內容看似衝突的矛盾，其實細思量後，並不矛盾，形成弔詭的複雜。今日努力耕耘、累積實力，雖是備嘗艱辛，然今日的努力付出將是明日歡呼收割的基石，頗富哲理情趣。例2以「好語如蓮花，惡語如毒蛇」對比出話語的溫暖與刻薄，真是「良言一句三冬暖」的最佳寫照。善惡對比，正反立現。

例（3）以「外表」和「內心」對比，映襯出紈袴子弟之不上進，是「富有」的「窮人」，才是真正可悲，一如「金玉其外，敗絮其中」。

例（4）和例（2）有異曲同工之妙，以「多」和「少」對比襯出「一分耕耘，一分收穫」的道理。

例（5）更以「當年」和「如今」對比，以「面色紅潤、

青春飛揚的美少女」映襯「白髮蒼蒼、滿臉皺紋的老婦人」襯出時光之無情，並兼對偶之美。

例（6）以「反襯」方式對照出屋內「富麗豪華」、屋外「蕭條簡陋」的兩樣情，還以「外強中乾」的雙關來總結陳至中的家。

此六例皆能結合「對偶」、「比喻」、「雙關」等修辭技巧「映襯」出豐富哲理，顯現其創思之變通力與精進力，內容深刻細緻，思路協調新穎，實屬佳作。

2. 正確作品

（1）真心的祝福，是友誼的開始，醜陋的批評，是友誼的結束。（子螢）

（2）他的學問可真高，高到連長輩跟他說話都不用回答。（美誼）

（3）每個人的心都不一樣，如果你心地善良你就是個天使，如果你心地邪惡你就是個魔鬼。（玲惠）

（4）在傳言中，他是一個遊手好閒的無業遊民，但在事實上，他是一個刻苦耐勞的優秀人才。（臻臻）

（5）這個木瓜看起來很飽滿，但是裡面是卻很空虛。（姿樺）

（6）阿姨是公司最醜的美人，可是他很奇怪，明明是億萬富翁，卻甘願過著乞丐般的生活。（小諺）

「映襯」主要是彰顯內容的對比，此五例皆能掌握「映襯」內容對比技巧，只是相較於前列優秀作品，雖是豐富靈活，卻未

若前列作品深刻新穎。

例（1）對「友誼」感受的描寫，正是國小高年級學生最切身的感覺。在這個半大不小青春期的尷尬年齡，同儕間常會因若干細節招致耳語，傷害友情。對他們而言，朋友同儕越來越重要，甚至或超越父母，然而如何維持友誼卻還需要學習。

例（2）用反諷和「頂真」方式襯出高傲無禮的「高學問」，其實並不足取；按理說：讀書應是知曉做人做事禮儀，學問高應更有禮謙虛，沒想到學問竟「高到連長輩跟他說話都不用回答」，與反諷連線，意在言外。

例（3）和例（4）以雙襯方式對比並列，強調「善由心生」和「謠言止於智者」的對比。

例（5）以木瓜為喻，表明「人不可貌相」的哲理，所謂「金玉其外，敗絮其中」亦即此理。

例（6）以反襯的方式對照出阿姨的相貌：「最醜的美人」和古怪的個性：「億萬富翁，卻甘願過著乞丐般的生活」。

這些作品，合乎「映襯」要點技巧，展現學生創作靈活性和流暢力與變通力。

3. 欠佳作品

（1）白色的雲，黑色的烏雲。（彥伯）

（2）前天下雨，後天放晴。（伯駿）

（3）獨角仙的殼是咖啡色，另外的甲蟲是黑色。（仁豪）

（4）他沒錢，但是他常常捐錢。（威淳）

以上（4）例徒具「映襯」形式，內容卻無意義，缺乏邏輯性

的思考。

例（1）中「白雲」和「烏雲」雖是對比，然卻不知其究竟欲表達的想法為何，如若改成：

> 黑色的烏雲是白色層雲的敵人，只要它一靠近，層雲無力抵抗，只好躲回家中。

這樣才能彰顯出晴天翻轉成陰雨天時，雲層的變化較具意義，非只徒具形式的文字遊戲。

例（2）、例（3）和例（1）同，尚需修改使之成為有意義的「映襯」。例2若改為：

> 前天下雨，後天放晴，天氣真是變化莫測呀！

語句完整，較符合「映襯」敘述。例（3）亦須修改，若改成：

> 獨角仙的殼是咖啡色，另外甲蟲的是黑色，它們都是我自然生態觀察箱的主角。

完整的表達，才能使語句表達正確，使人了解。

例（4）是矛盾的語句：沒錢怎能常捐錢呢？實際上不可能，所以可將之改為：

> 他不富有，但是他常常捐錢做善事。

充滿愛心的人未必是有錢人，但他必是心靈豐富的「富人」；若是家財萬貫卻吝嗇小氣不願助人，也只是「富有」的「窮人」。

是故，以上四例應再加強邏輯的正確性和內容的協調性，才能符合「映襯」要點，屬「欠佳作品」。

（三）教學省思

1. 教學內容

（1）學生認知心理

基於小學生認知心理，國小學生未能達到辯證思維的層次，「反襯」這樣看似矛盾的語法，對國小學生而言，是太艱深了，不適宜於國小學生進行教學。所以，本文在「映襯」的教學上，只做「對襯」、「雙襯」教學，不實施「反襯」教學。學生在「對襯」、「雙襯」的練習中，發現「雙襯」二個平行對立的對比關係，學生做得比「對襯」還要好。可能是在引導時，一直強調正、反和矛盾的邏輯關係，所以，學生在思考時，是從邏輯的對立正確性發展至靈活、豐富的變通力和流暢力，臻至深刻、細緻新穎的精進力與獨創力。

（2）分辨轉折句和「映襯」修辭格區別

學生習做的句子，要讓學生學會分辨轉折句和「映襯」之別。轉折句和「映襯」很接近，句型類似，但修辭須具有文學性，作品要加以選擇。如：爸爸正在上班，媽媽卻下班了。

此句應只屬於轉折句，屬於文法，非「映襯」修辭格。又如因果關係的句子，其實教學時亦應和「映襯」區分，如：

失敗越多，成功的機率就越多，沒有失敗過，怎會有機會成功呢？（樺）

此乃因果關係句，屬於文法，在此應和「映襯」區隔。是故，於「映襯」教學時，為達至教學效果，應事先教導學生區分出文法和修辭之別。

（3）「映襯」宜循序漸進

「映襯」對學生而言，比較抽象，教學時師生都較辛苦。「映襯」是文字化妝師，讓文句呈現立體，碰撞作（讀）者的內心與情感。教學時建議先用字、詞的對比來練習，再進行到「句子與句子的對比」，甚而到「段與段的對比」。字詞對比如：「黑白」、「善惡」等；「天和水都很藍」、「風好急，我卻走得很慢。」「天」和「水」；「急」和「慢」都是「字與字的對比」。亦可用成語、短語來讓學生比較「映襯」，如：「環肥（燕瘦）」、「此起（彼落）」、「外圓（內方）」、「幾家歡樂幾家愁」、「眾人皆醉我獨醒」、「白髮人送黑髮人」等。俟練習分辨「單句」和「上下相對」的「映襯」例子後，再進行「句與句的對比」。如此依序漸進的教學，學生才能慢慢具體清楚接受「映襯」修辭格。如：「聰明一世，糊塗一時。」「君子之交淡如水，小人之交甜如蜜」等。

（4）掌握重點，用得恰到好處

在運用「比較法」學「映襯」時，要注意用來對照的事物必須是完全對立或完全相反的。如：新和舊、好和壞、美和醜、光明和黑暗、強壯和弱小等。做到黑白分明、是非清楚，使美的更美，醜的更醜，大大增強對比的效果。「映襯」用於

寫作有畫龍點睛之效，尤其是「句與句的對比」，更能凸顯主題。

唯使用「映襯」，不宜過多。偶然跳出，形成反差，才讓人驚豔。所以，「句與句的對比」就像裝飾品，偶爾用個一、二次，用到恰到好處，讓人覺得漂亮，否則就顯得造作難懂。「段與段的對比」更要小心，全篇就是一個對照，這是選材上的巧思，取材因為對比，形成對立和力量。

（5）「反襯」可分階段練習

「反襯」的方式精采，有力量，有看似「矛盾」、細想後卻很有道理的表現效果。然而，這樣的練習對國小學生很難，讓學生欣賞就好，當作是一場「文字哲學之旅」；這些美麗又充滿智慧的句子，看看就好，像結交一位好友，卻不強迫練習仿作。若學生程度真能進行教學，建議讓學生分階段練習，由語詞、短語至句子，由易而難，結合文法進行教學。如：

①找出矛盾的對比詞。如：「打和痛」。

②將詞語句子拉長串連，如：常常被「打」，也就感覺不到「痛」。

③最後將句子賦予道理加深加廣。如：

　常常被「打」，也就感覺不到「痛」了，能忍受最多挫折打擊的人，一定會嚐到成功甜美的果實。

（6）「段與段的對比」方式

「段與段的對比」不適於國小進行教學，但在訓練語文程度較資優的學生（如語文競賽的培訓學生）實是可適用的。進行「段與段的對比」，可利用三方法慢慢切入：

①時空的對比

在不同段落裡，處理過去和現在、現在和未來、童年和成長、窮困和富有、無知和成熟……。有時可加進「道具」的效果，如：記憶中媽媽年輕漂亮的樣子和現在握住媽媽粗粗充滿皺紋的手。有時大範圍和小範圍的生活空間形成的生態現象和眼界差異；普遍現象和特殊角色的對照；一片森林、一棵樹、一粒種子背後衍生的意義……，形成「空間上的對比」。

②感覺的對比

運用不同段落分配，處理快樂和悲哀；動和靜；冷和熱；新生和衰亡……，把不同的感覺在不同的段落裡對比、襯托出來。

③特質的對比

輕和重、光明和黑暗、安靜和吵鬧、快和慢、乾淨和骯髒……，這些不同的特質，在不同的段落裡，清楚摺出文章的立體效果。

如：「樹的心事」，就可透過時空、感覺、特質的對比呈現素材主題的對比，就能進階至「段落的對比」。

（7）區分「對偶」和「映襯」

「對偶」和「映襯」都要求成對，但「對偶」重形式結構的對稱，不重內容的比較；「映襯」則重在內容意涵的對比，不拘泥結構形式。然「對偶」中的「反對」，在意義上即是「映襯」，這可屬於修辭格兼用現象。「對偶」和「映襯」修辭功能也不同。「對偶」運用對稱的語言形式，和諧語音節奏，加強語言感染力；「映襯」使形象生動，感情濃烈，增強語言鮮明戰鬥性。

（8）結合其他修辭格，強化藝術性

　　內容上的「映襯」，輔之以形式上的「類疊」、「對偶」、「排比」，能使語言文字的表達，收到更加警策、活潑生動的效果；亦可和「誇張」、「層遞」搭配使用，有聳動情感、搖撼心靈的強大力量，營造出文字藝術魅力，彰顯「映襯」內涵。如李白〈將進酒〉：「君不見，高堂明鏡悲白髮，朝如青絲暮成雪。」以時間誇張「反襯」出時光飛逝、青春之無力挽留；又如李商隱〈無題〉：「劉郎已恨蓬山遠，更隔蓬山一萬重。」以「一萬重」誇張自身遭逢冷落、寂寥，更以「已恨」層遞到「更隔」彰顯出層層遞進。「映襯」使用對比的句型，可以繃住文字的力量。如：

　　　　驕傲讓人毀滅，謙虛讓人成長。懂得在謙虛中成長的
　　　　人，才是生命競賽中，最後的優勝成功者。

　　從「映襯」到「比喻」，這樣兼格的使用，能馬上比較出是、非，實、虛，強化說理的力量。配合「比喻」施作，如「驕傲」和「謙虛」，「驕傲」可比喻成：毒藥、懸崖、荊棘遍野……；「謙虛」可對比比喻成：鮮花、階梯、康莊大道等。是故，內容上的「映襯」可結合「比喻」、「擬人」、「誇張」、「層遞」等強化表達力道；借助「類疊」、「對偶」、「排比」等變化多端，使之美妙靈動。

2. 教學活動

（1）「比較法」進行「映襯」教學

　　凡事總要透過比較才能顯現出特質，用「比較法」進行

「映襯」教學，可以幫助學生思考。如：寫出遠山的朦朧，才能顯得出近水的明澈；寫出壞蛋的醜惡，才更顯得出好人的善良。這種正反強烈對照的鮮明敘寫，就是「比較法」進行「映襯」的助益，所描寫的主題往往讓人看了立刻留下深刻印象。

「比較法」有另一思考方向，即透過觀摩學習同學們作品的優劣和經過討論後，知道為什麼哪些作品好，哪些作品不符教學要點要求；亦可審思自己作品，再進行修改，以作品前後改稿的方式進行比較，可具體讓學生更清楚，為何這樣的作品是較好的，這樣的作品表達力強勁；那樣的作品卻較差，表達力疲軟不振。如前述「欠佳作品」中的「前天下雨，後天放晴。」（伯駿）這樣的作品僅是徒具形式的文字堆砌，無法達到「映襯」的深刻細緻，若將之改為：

前天我生病了，心情在下雨；今天身體終於復原，心情轉為放晴的蔚藍。

此例經改稿後應比原句質量更優。學生可透過比較，改稿前後何者較優，如何能更凸顯鮮明對比，彰顯「映襯」的對比特徵。

（2）結合遊戲、動態口語方式學習

學習「映襯」可讓學生配合辯論賽的練習，分成：正面論辯、反面論辯，讓學生蒐集相關辯論主題正、反方資料，進行口語論戰，如：「小學生應不應該背書包上學？」可由論辯過程具體體現「映襯」對比的意義。結合遊戲、動態口語方式學習更能訓練學生聽、說、讀、寫的綜合能力，強化應變機智，

在實地口語論戰中，馬上能比較出正、反的對比。

（3）運用「比較法」寫成「精采座右銘」

　語言現象是很奇妙的，經常會走出常規。在特定的語境下，「映襯」反而能突出表達特殊效果。生活中有許多事，多看多想，便能體會這些很好的智慧，生活的寶貝，從正、反的角度思考，為自己的生活作一本智慧語錄，成為自己的「座右銘」。如「少一個朋友，就是多一道牆。」又如羅馬哲人奧古斯丁說：

　　驕傲使天使淪為魔鬼；謙遜使凡人彷如天仙。

　便是以「驕傲與謙遜」正反對比思考，形成「映襯」。教學時，能以「煩惱與喜悅」、「快樂和悲傷」、「痛苦與幸福」、「成功和失敗」等人生意義為題，讓學生試著創造一則短小精美的座右銘，如：

　　痛苦是幸福的階梯。
　　快樂的秘訣，不是做你喜歡的事，而是喜歡你所做的事。（英・貝力）
　　時間能使隱藏的東西顯露，也能使燦爛奪目的東西黯然無光。（羅馬・賀瑞斯）

　全班再共同選拔文句最美、意義最佳的人生座右銘，更可凸顯「映襯」對比特殊表達效果。

四、結論與建議

劉勰《文心雕龍・情采》云：「贊曰：言以文遠，誠哉斯驗。心術既形，英華乃瞻。」文章因有文采，才能流傳千古。是故，巧妙運用各種修辭格，會使文章語言文采煥然，瑰麗多姿。以「比較教學法」進行「映襯」修辭格教學，培養學生創造性思維。再加上教學內容引用的事例，對啟發學生思維影響甚鉅，所謂「修辭入文」，生動的事例能吸引學生，讀來引人入勝，正可兼而進行語文審美教育。

（一）結論

語文教學旨在致力培養和提高學生的現代語文能力。語文教學肩負培養學生將話說得清楚、流暢、得體，把文章寫得準確、達意、傳神的重任。要順利完成上述重任，就得打破學生錯把修辭格當作語文教學的一種點綴。釐清修辭格教學絕非以修辭格辨識為中心的教學模式，由偏而正，使修辭格教學走出誤區，正視修辭格教學。

筆者認為，一門學科的建立和發展，或是基於理論本身的需要，或是根於社會實際的需要，其重要價值，顯然不僅止於理論的突破與創新，更在於社會效益的助力與創造。修辭格教學的設計，不僅只於提供語文教學另一面貌，更關注於對學生的語文學習助益與語文質量的提升。職是之故，修辭格教學須站在兒童的立場出發，引起兒童興趣，讓兒童樂於學習，樂在

學習。本文希冀透過修辭格教學，提升學生的創造性思維，[7]
開展修辭格教學另一廣闊天地。

　　修辭格教學須配合學生認知心理，在修辭格與教學方法中
找出最佳仲介區，所以磨合遷移，非常重要。在教學上，總有
一些想像的應然，然應然並非實然，經過磨合期實際教學，驗
證國小修辭格教學是可以上得生動有趣。學習修辭格必須配合
兒童認知心理發展，如「擬人」其實是「移情作用」，「比喻」
即是「類化作用」，配合學生認知心理，輔以創思或遊戲教學
啟發創意，讓修辭格教學變成一堂活潑快樂的語文課程。

　　修辭格屬於積極修辭，須有力、動人，與一切藝術手法一
樣，不只用心在概念明白的解說，更重要是具體形象的體驗。
所以，教學修辭格應該簡要，不宜繁瑣，要教最核心、最重要
的，並非為修辭格而修辭格；應重在「理解與應用」的層次，
盡量教授學生欣賞和實用性為主，不應將焦點放在術語和分類
上。修辭格教學，應加強訓練，使學生在實際中認識各種修辭
格的特點，達到豐富學生語彙，表達真實情感，提高學生語言
表達能力的目的。

（二）建議

　　創意、新穎的教學，對教師是一大挑戰。語文教學設計，
應注意集中性、反覆性與創造性。對於教學活動的進行與規
劃，須一再沙盤推演，一再修正。不斷反思自己的教學，也可

7　創造性思維的特徵是：積極的求異性、洞察的敏銳性、想像的創造性、知識結構的
　獨特性、靈感的活躍性。彭華生（1993：205-213）《語文教學思維論》。南寧：廣
　西教育。

考慮建立自己的教學樣本匣(Portfolio)，不斷追求專業成長，並形成自己的教學風格。不斷提升教學語文質素，做到既有生活情味，生動活潑，同時也文雅規範，能給學生示範作用，逐步用優雅的教學語言提升學生語文。所以，教師必須具有以下特點：

1. 具有不斷創新、追求個人教學風格的理念。
2. 理解創造、求異思維、創造性想像等活動的原理。
3. 了解創造型學生的特點，並特別注意發揮這些學生的創造性（絕不能壓抑其發展）。
4. 運用一般的創造思考教學技巧，培養學生的創造力。

作為一種課程，在設計修辭格創思教學單元維度、內容選擇、編排時，要考慮各個修辭格的特點，及在教學活動時如何體現這些特點，兼顧學生學習基礎、教師自己的能力等。否則，隨意確定一個教學維度，然後把幾個修辭格拼在一起讓學生學習，將十分危險。這樣的教學起不到促進學習的組織性，實現鞏固學習、遷移學習等的基本功能，甚至還會引出一些新問題。

至於教學活動，要培養學生的創造性，或培養創造型學生，教師自己首先要具有創造力、創新精神。否則，教師不能識別學生的創造意識、見解，甚至把富有創造性的見解作為「胡思亂想」而加以批判，把「創造型學生」作為「搗亂分子」而予以批評。這樣會壓抑學生的創造精神，難以發展學生的創造性，教學反而會枯燥無味。

論及「修辭格」，與語文教學息息相關。大體而言，小學生每次的學習只能相對汲取，無法盡取。故教學要抓住重點，

透過具體明晰比較，讓學生感受揣度，歸納出各辭格之要點與各具有特性。

　　語文教學是美學欣賞教育，只有建立在穩固的語文基礎，才能蓋起文字的大樓；也只有在文字的大樓中蓋出璀璨的雕樑畫棟，修辭格才得以在生活中優美實現。如果每一個教師能深切體悟修辭格教學的重要，在教材裡尋找語文新生命，在教法中尋覓創思新天地，修辭格創思教學將能展現燦爛的明日。

參考文獻

王耘、葉忠根、林崇德（1995）。小學生心理學。台北：五南
　　出版社。

朱作仁（1984）。小學語文教學心理學。哈爾濱：黑龍江人民
　　出版社。

呂叔湘（1983）。呂叔湘語文論集。台灣：商務印書館。

宗廷虎（1995）。漢語修辭學 21 世紀應成顯學。修辭學習，
　　1995（3）。

姚亞平（1997）。當代中國修辭學。廣州：廣東教育出版社。

胡性初（1992）。實用修辭學。廣州：華南理工大學。

郅庭瑾（2004）。教會學生思維。北京：教育科學出版社。

張春榮（2004）。修辭學在「讀」與「寫」教學中的運用。國
　　文天地，20（4），20-26。

張春榮（2005）。國中國文修辭教學。台北：萬卷樓圖書。

張春榮（2006 年 3 月 29 日）。國小常用辭格。國語日報，13
　　版。

教育部（2002）。教育政策白皮書。台北：教育部。

陳麗雲（2005 年 10 月）。國小高年級創思修辭格教學研究。
　　2005「創造力教育與創新教學」學術研討會，崑山科技大
　　學。

陳麗雲（2006 年 3 月 1 日）。正視修辭格教學。國語日報，13
　　版。

彭華生（1993）。語文教學思維論。南寧：廣西教育出版社。

馮瑞龍（2001）。修辭教學遊戲手冊。香港：中華書局。

黃奕光（Kwang,N.A.）著，李朝輝譯。（2005）。解放亞洲學
　　生的創造力。北京：中國輕工業出版社。

黃慶萱（2002）。修辭學。台北市：三民書局。

謝錫金（1994）。中文教育論文集第二輯（上、下冊）。香港：
　　香港大學。

譚全基（1994）。修辭新天地。台北：書林書局。

「層遞」修辭格教學

（此文稿 2006 年 5 月刊登於「國文天地」21 卷 12 期）

修辭格本是一個語文創意表達的方式，學生語文質量的提升可從創思修辭格教學入手。或有人說，西方人比東方人更有創造力，亞洲學生總被認為缺少創造力，根源或許在儒家教育傳統和教育系統本身。要解放學生的創造力，教師的創新教學便是重要指標。

一、教學實施

(一) 引導語

當我們還小時，牙牙學語，搖擺學步，能發出任何嘟噥咿呀的聲音，都會令父母欣喜若狂；隨著年歲漸長，背起小書包上學去，開始一筆一畫學習注音符號、國字，覺得世界真是繽紛多彩，好好玩呀；時光荏苒，像射出的箭，一去不復返，現在要學的不僅只是國語、數學，還有英語、電腦……，生活中有數不清的東西要學；直到像老師一般年紀，除了學習是生活上重要的功課之外，生命中還有家人、孩子、朋友、事業……等等重要的事要擔心、要付出，這就是成長，這就是人生，就

是這樣一層一層添加上去的——甜蜜的負擔。

（二）教學要點

1.「層遞」有：語詞層遞、句子層遞、段落層遞。基於國小學生的認知心理，屬於綜合應用的段落層遞不宜於國小進行教學。是故，本文只進行語詞層遞、句子層遞的教學。

2.「層遞」要說的事物必須是三個或以上，並且彼此相關，這些事物可以分層次，必須有大小、輕重、多少、深淺等程度上差別。這些差別必須按一定的次序排列，如由輕至重或由重至輕排列，像階梯似的逐漸上升或下降。如：

> 有病看醫生不如事前預防好；事前預防不如鍛鍊身體好。
>
> 公園真好，既可以乘涼，也可以欣賞風景，還可以呼吸新鮮的空氣。

3.利用題型設計教學法學習「層遞」，透過仿寫、擴寫、續寫練習施作，由親自具體練習中，磨練「層遞」一層一層更上層樓的結構。

（三）活動設計

說話寫文章，為加強語氣，使氣勢逼人，展現格外力量，往往把欲說的話放在句子的結尾。如：「寫信不如打電話，打電話不如親自上門拜訪他。」「寫信」、「打電話」、「親自上門拜訪」這三件事，強調出最後一件「親自上門拜訪」比前兩件

重要且有意義。這便是「層遞」修辭格。請小朋友根據題型設計句型寫出「層遞」。

題型範例：

1. 先⋯⋯，再⋯⋯，最後（還）⋯⋯。

    如：一個和尚挑水喝，兩個和尚抬水喝，三個和尚沒水喝。

2. ⋯⋯不如⋯⋯，⋯⋯又不如⋯⋯。

    如：天時不如地利，地利不如人和。

    知之者不如好之者，好之者不如樂之者。

3. 由⋯⋯到⋯⋯，由⋯⋯到⋯⋯，由⋯⋯到⋯⋯。

    如：一個人認識一個人，由認識到點頭，由點頭到談話，由談話到互相欣賞、互相愛惜。

4. 既可以⋯⋯也可以⋯⋯還可以⋯⋯

    如：參加讀書會既可以增廣彼此的見聞，也可以促進彼此間的感情，還可以學習表達分享自己的想法。

5. 昨日（少年）⋯⋯，今日（中年）⋯⋯，明日（老年）⋯⋯

    如：報紙報導的是昨天的新聞，電視報導的是今天的新聞，中廣報導的是現在正在發生的新聞。（中廣廣告）

二、學生作品分析

(一) 優秀作品

1. 讀書不但可以得到知識，也可以訓練耐力，還可以修身養性，更可以拿到一把金鑰匙。（昱璇）

2. 每一滴水都希望從溪流到河流，再奔向大海的擁抱。（美誼）

3. 媽媽的手小時候又白又嫩，結婚當家庭主婦後，手變得又黑又粗，還充滿著菜餚的香味；到了年老的時候，手就會像風乾的橘子皮一樣，爬滿皺紋。（昱璇）

4. 山上的景色美麗如畫，那裡可以看到晴空萬里，可以看到青山綠水，還有許多不知名的小野花兒和你作伴，真是悠閒的好地方。（冠甫）

5. 打電動不如看電影，看電影不如看電視，看電視不如看好書。（小諺）

6. 為了身體健康，喝酒不如喝汽水，喝汽水不如喝飲料，喝飲料不如喝白開水。（怡真）

以上六例皆是精采「層遞」作品，掌握「層遞」層層鋪展的層次，內容豐富靈活有變化，生動深刻具創意，展現學生的精進力與獨創力，屬「優秀作品」。

例 1 認為讀書可以獲得「知識，也可以訓練耐力，還可以修身養性，更可以拿到一把金鑰匙。」層層鋪展，指讀書漸進

的三種妙用。

例 2 將「水——溪流——河流——大海」由小到大遞升的排列，訴說出「大海是水的故鄉」，涓涓細流最後都會匯聚至浩瀚汪洋，回到屬於自己家鄉。

例 3 透過媽媽的手來看青春年歲的變化及歲月的無情，時間的層遞由媽媽的手訴說著故事。媽媽的手由「又白又嫩——又黑又粗——爬滿皺紋」。一個女人蛻變的成長，歲月的痕跡深深刻畫，殘留在媽媽的手上，但也記憶著母愛無私奉獻的血淚史。

例 4 透過空間的層遞，先看天上的「晴空萬里」，再看到遠處的「青山綠水」，接下來是身邊「不知名的小野花兒」，描寫如畫的山水景致。

例 5 以「……不如……，……又不如……」來強調「打電動、看電影、看電視」都不如後者「看好書」的重要，相較之下，書才是一輩子的好朋友，「開卷有益」，打開書便如同開一扇窗。

例 6 的形式如同例 5，強調身體健康「喝酒不如喝汽水，喝汽水不如喝飲料，喝飲料不如喝白開水。」可見「喝白開水」比那些垃圾飲料和合成化學果汁還要健康；換言之，生活中平淡無味的事物，珍之惜之，那才能品嚐出平凡而幸福的真味。

以上六例充滿層層翻疊的脈絡，由事而理，由景而情，循序漸進，層層開展，展現學子創造力。

（二）正確作品

1. 童年時要好好讀書，中年時要好好上班，老年時要好好休養，這就是人生的輪迴。（臻臻）

2. 小時候我是四隻腳，長大後變成兩隻腳，老了變成三隻腳。（玲惠）

3. 動一下，能使筋骨舒展；動二下，能使身體流汗；動三下，能使人心曠神怡。（雅瑄）

4. 在圖書館不得隨意走動，不得高談闊論，更不得玩耍嬉戲。（廷睿）

5. 字若不懂可以請教師長，請教師長不如自己查字典方便。（雅瑄）

以上五例皆能符合「層遞」要素，掌握「遞升」、「遞降」關係。然相較於前述「優秀作品」，未若前項之嚴謹深刻，自然生動，屬「正確作」品。

　　例1以「童年—中年—老年」是時間的層遞，這樣不同階段的變化層層開展，以時間的次序依序的鋪陳人生的變化。

　　例2亦以時間依序展開行動的層遞變化，由「四隻腳—兩隻腳—三隻腳。」將嬰孩至成年至老年的變化，童年在地上爬行，成長後靠二條腿奔跑跳躍，老了膝蓋不聽使喚，加上枴杖成三隻腳，讀了令人不禁欷噓。

　　例3以數字的次第展現運動有益身心健康，從「動一下；動二下；動三下」能使身體「筋骨舒展；身體流汗；心曠神怡。」結合「類疊」，充滿聲音節奏韻律美，由身體至心理，

層層翻疊。

　　例4以在圖書館為例，強調須尊重安靜，圖書館是閱讀舒適環境，所以，「不得隨意走動，不得高談闊論，更不得玩耍嬉戲。」

　　例5以層遞強調出自學的重要，若有疑問問老師是不錯，但若能自己試圖解決，主動積極，這樣的學習當更上層樓。

　　此五例皆屬「遞升」例句，能以比較為脈絡，運用相似句型，推論演繹，表達出思想，顯現層次順序。

（三）欠佳作品

> 1. 哥哥以前成績很不好，現在哥哥成績變得特別好。（光友）
> 2. 哥哥上小學、國中、高中、大學、研究所。（仁豪）
> 3. 爸爸的機車很新，又乾淨又帥氣。（敬元）
> 4. 他的手很大，近看時他的手很小。（瑋城）

以上四例皆未能符合「層遞」要素，顯現不出其順序性，或有推論演繹，或層層翻疊之開展，乃「欠佳作品」。

　　例1以哥哥前後成績對照，無三個或三個以上事物間的層遞，「以前成績很不好」至「成績變得特別好」，並無直接遞展關係，屬對比句型的轉折句，非「層遞」。

　　例2學生由「小學、國中、高中、大學、研究所」接受不同教育，形式上彷彿符合「層遞」要素，但後面卻嘎然而止，使得文氣中斷，不知其所指究竟為何，是進步？還是讀書無用？建議改成「哥哥讀書一路都很順利，從上小學、國中、高

中、大學、研究所，皆名列前茅，令人佩服不已。」應較通順。

例3 機車的新穎很酷、很炫，然「又乾淨」、「又帥氣」之間並無次序關係，應屬平行並列關係，故非「層遞」作品。

例4 文句矛盾不通，手應越近距離觀察就越大才是，怎可能大大一隻手，近看會變小之理？

此四例未達及「層遞」要點，邏輯思考須再加強。

三、教學省思

（一）教學過程

1.「層遞」內容，須按同一順序排列

「層遞」要按一定順序排列，客觀事理間要有邏輯關係，但非並列或對立關係，且要有三個事物以上才能翻疊出層層擴展的效果。如果只有二項，如：「我今天考的分數比昨天好。」這只是一般敘述句，無法開展出由事而理的嚴謹推論，構不上「層遞」。又如「一回生，兩回熟。」這樣亦只有二項，還不能構成「層遞」，若改成：「一回生，兩回熟，三回滾瓜又爛熟。」就符合「層遞」要素。

2. 學生作品以時間先後的「層遞」最多

學生「層遞」作品，以時間先後順序的描寫最多，由童年至中年至老年不同的面向與體悟；空間變化的層遞次之；以事理為脈絡說理者，鮮少。可見學生的認知能力尚不能做到由事而理、由景而情的開展。學生作品中，「遞升」的作品多於

「遞降」的作品，可見對學生而言，「遞降」的思考較「遞升」艱難。

3. 長於「遞升」作品，短於「遞降」

歸納學生「層遞」作品，「遞升」作品多於「遞降」作品。質量方面，「遞升」都勝於「遞降」，所以，可見證在國小學生的認知心理上，「遞升」要遠比「遞降」來得容易且好寫。

4. 辨析「排比」和「層遞」不同

「排比」和「層遞」都是有結構整齊，氣勢貫通的特點。但排比的句子間是並列關係；層遞的句子間是承接、遞進等關係。如：「一個和尚挑水喝，兩個和尚抬水喝，三個和尚沒水喝。」屬於「層遞」，有從「一個和尚」遞升至「二個和尚」、「三個和尚」。

(二) 創思技法

1.「題型設計教學法」中，使用最普遍及學生最易學會的是「仿寫」。然「仿寫」不是抄襲，而是一種「有中生有」創意的展現。所以，仿的是形式，內容則須發自腦中潛藏的創意，是屬一種再造的創意。

2.「層遞」有空間、時間二種。在以「題型設計教學法」教學「層遞」時，學生出現最多的作品是屬於時間的，空間次之。教學時可再加強空間的概念，空間可由近而遠，或由遠而近，「先看到……，再看到什麼……，又看到什麼……。」時間有今昔對照，如「以前……，現在……，未來……。」若要進行段落的「層遞」，可配合課文中的新詩韻文進行教學。如

南一版第九冊〈懷念淡水河〉一課，就是將淡水河從清晨至中午、黃昏至深夜不同的景致逐次描繪，結合空間層遞，從深山、都市、河口的變化，敘述淡水河之美；翰林版〈基隆河不再哭泣〉便是以從前、現在、未來基隆河的改變，希望還給河流乾淨清新的面貌。這些韻文體的新詩都是以段落層遞來鋪陳文章，可讓學生透過課文了解段落層遞。

3. 依據「題型設計教學法」進行「層遞」教學，內容因一層一層逐步比較爬升或下降，可配合「頂真」進行教學，學生在依題型仿寫或改寫時，常會出現「頂真」。如：「大魚吃小魚，小魚吃小蝦。」「大事化小，小事化了。」都是結合「層遞」和「頂真」方式形成兼格。

4. 根據題型設計將「把欲說的話放在句子的結尾」這樣層層比較，最重要、想強調的放在句尾，更可加強「層遞」的正確性，釐清思考邏輯順序，才不致序列錯置。

綜合運用

定居的候鳥

陳麗雲

　　候鳥應是隨著氣候南北遷移，尋求溫暖懷抱的，當候鳥不再遠颺，甘心情願的定居在某處成為「留鳥」，那麼，必然是那個城市有神奇的魔力繫住了牠，必然是那個城市留下了牠的心，牠已把那兒視為「家」，真正的「家」。

　　小時候，媽常說我是一隻飄來盪去的候鳥，注定和家的緣分淺薄，東飄西盪，四處為家，亦處處不是家。可不是嗎？呱呱墜地的我，誕生在台中濱海的小村；襁褓中成長的我，遷徙至香火鼎盛的大甲鎮，鎮內的莊稼漢信仰虔誠，一直以身為「媽祖婆」的子民為傲。中學畢業後，離鄉背井，負笈台東求學。媽邊幫我收拾行李，嘴邊叨唸著：「怎知妳這女孩兒會這麼『遠腳』」，連讀個書都要跑到那麼遠的地方，翻山越嶺的，真跟隻候鳥一樣。妳呀！要學會照顧自己，什麼事都要學著警醒點兒，飛到山的那一邊，媽可照顧不了妳，連子彈打到那都冷了，唉！怎會飛得那麼遠……。」青春正盛的我告訴媽：「候鳥也是會按著季節自己飛回家來取暖的，我才不會迷路呢！」

　　在東部砂城求學的日子，深深喜愛這山城的寧靜與美麗。海堤是我最常去的地方，太平洋洶湧的波浪，洗去我思鄉的孤寂。浪濤時而低語呢喃，時而高聲吟唱，星空皓月，伴著「為

賦新詞強說愁」青澀的我，雖無「少年聽雨歌樓上，紅燭昏羅帳」之風流，然那仿騷人墨客之懷，孕育天地間「初生之犢不畏虎」的豪氣，在這寧靜山城，結實撫慰了我求學智慧的渴望。台東，始終是我心靈成長的故鄉。

　　陰錯陽差，亦是因緣注定，來到淡水河西岸的這繁華都會城市。一切是那麼突兀與偶然，仿若一場荒謬的舞台劇。媽一想到又要送我離鄉，到這個繁華都會的大台北，忍不住又紅了眼眶：「本想到遠赴台東是為了讀書，苦個幾年就可以回家，忍一下就過去了。誰知道又被派到台北工作。唉！妳這個孩子，從女嬰仔兒就離開家裡，東西南北，一輩子奔波，像隻候鳥，不知道什麼時候才會穩定下來，我才不用再拎著一顆心跟著妳緊張？什麼時候妳才能像人家的女兒一樣在家陪陪我？」握著媽的手，首次發現媽烏黑的青絲已然飄上幾許銀柳，是的，我離家太久了，忘了媽也會老，忘了時間是親情、青春的嚴酷劊子手。我輕聲的告訴媽：「一年！一年後我就請調回來，只要一年，我就可以真正回家，回我們的家，不再高飛，我會一直陪在你身邊。」媽逕自微笑，嘆口氣：「一年後的事誰人會知曉？隨緣吧！一切都是老天注定，是緣分啦！」

　　於是，在蟬唱得聲嘶力竭的仲夏，我踏上這繁華花花世界的都市邊緣，這一步，對我這個鄉下孩子來說，真是劉姥姥進大觀園；對初出校門的我而言，台北的緊張步調與混亂交通則令我提心吊膽，茫然失措。駐足這個淡水河岸的都市，一切都只是偶然的巧遇，我本能的告訴自己，三重這個都市將只是我的過客驛站，是我豐富人生旅途中的一抹彩虹，一個名詞。一年後，我將束裝返鄉，候鳥歸航。誰知，三重的土是黏人的

膠，我再也踏不出去；誰知，這老天注定我和三重的緣分是一輩子；誰知，三重這個都市，竟神奇的改變了我的一生。

初入職場的我，戒慎恐懼，面對來自中南部為大宗的三重人，他們同我一樣，都是出外打拚的「甘苦人」。我們有著「他鄉遇故知」的疼惜，出外人互相照顧，互相體貼，彼此情義相挺，在這城市，我學到的第一課是：情義無價；感受到的是濃濃的溫情。初來乍到這城市，因水土不服吧，因是社會新鮮人吧！我有一半的時間是在生病吃藥，形容萎頓、枯搞，拚命的努力學會在這龐大機器都市中泅泳生存。北部濕濕冷冷的天氣和南部朗朗花花的豔陽是大相逕庭的。適應不良的我，感冒、喉痛、沙啞至無法言語；生活的孤寂、都市冷漠的不適應更是病痛催化劑。常常，我的朋友們會帶來各種偏方：膨大海、蓮藕粉、柚皮羅漢果、一碗燉魚湯、一鍋熱雞湯……真切殷實的情意將我的心塞得飽滿飽滿，我的眼眶也常常因此而鼓鼓脹脹的，那份真情照護，使我恢復生機；治好我的不是針砭藥石，是那份仿如革命同志般惺惺相惜的情感，那份著實令人感動的溫暖竄流在我們身邊，流瀉在力行路整條街道，迤邐千里……。

誰也沒想到，堅定說出一年後即要返鄉的我，會深陷在這個擁擠的都市裡；在這個擁擠的都市裡，邂逅我的愛人。現實水泥的都市叢林，啃蝕著有理想、有抱負的年輕人，卻也成就了兩顆思鄉遊子相互依偎尋覓溫暖的心靈。我們在這個陌生都市相逢，在這個陌生的都市相知，這個陌生的都市因為我倆的相遇，每個角落留下美麗的記憶故事，從陌生到熟悉，從孤身到儷影，從初識至許下願「執子之手，與子偕老」，共度一生

的承諾，我們偉大而又平凡的故事在這個萬家燈火的都市悄然萌芽茁壯，開花結果。

假日，四體不勤的我常會囿不住山林的呼喚，於是，觀音山、淡水河畔、八里十三行、二重疏洪道、陽明山、……，遍佈我們尋幽訪勝的足跡與迴盪山谷的笑語。從二人世界至現今的四人同行，我們的小娃兒在這兒呱呱墜地，在這牙牙學語，在這搖擺學步，在這……。我們這個平實又幸福的小家庭就在這個都市悄然滋長。時間的流逝是驚人的，我在這個都市生活的時間已十餘載，一直以來，我始終自居為「出外人」，是這都市的過客，卻從不知這都市的魔杖早已對我施了魔法。在這個城市，我由女孩蛻變為女人，由女人成長為少婦，由少婦幻變為母親；在這個城市，我由懵懂漸入穩重，由青春少女走向曼妙中年。這城市，擁有我最珍貴的幸福，失去它，生命便不完整；失去它，我將無法獨存。這城市，真的施了魔法。

每每帶孩子回鄉探望媽，時間一到便頻頻催促著：「快！快！要回家了，免得又塞車了。」媽總是盡其所能的往車上塞進大包小包，舉凡：青菜、餅乾、自己醃製的條瓜……應有盡有。我每次總是無奈又驚奇嘆道：「媽！我是住在繁華熱鬧的三重，不是住在窮鄉僻壤的荒漠沙洲。」媽根本不理，總說：「你們台北什麼都貴，青菜又有農藥，還是我們鄉下自己栽種的比較安全。」我總是承受著媽所有的關愛，心上的、眼下兒的，盡是母愛。媽說：「妳已是台北人了，回家開車一路要小心。」在媽的目送下踏上歸途，我想高唱：「台北不是我的家，我的家鄉沒有霓虹燈……」我想理直氣壯的告訴媽：「不！媽！我只是暫居台北，我的家還是在這兒。」然唯有回

到三重的家，身心才真能舒服放鬆！那是種真正回到「家」後，心靈與身體全然鬆弛的舒坦。是的！我是回家了，回到真正屬於我的家。我已不再是中部的垂髫小童，我已不再是東部砂城的慘綠少年，我已成為道道地地的台北人，真真實實的三重人。

　　家，應不只是身體睡覺休息的地方，家，更應是心靈棲身之所。心在哪兒，家就在哪兒。從來，每次離鄉回北，都會致電給媽：「媽！我到台北了！」讓媽安心，十幾年來，這老習慣總是沒改，只是，現在拿起話筒，說的是：「媽！我到家了。」曾幾何時，這陌生的都市竟成為我的家，它在時光荏苒的流逝中，悄悄用那魔杖將頑劣的我點化歸順。家，不再只是身分證上登記的戶籍地址；家──三重，這淡水河畔的都市，竟結結實實的成為我的家鄉，佔據我的心。我的家在三重，我的整顆心在三重，我的青春留在三重，我的幸福搖籃在三重，我的人生精采亦在三重。

　　心在哪兒，家就在哪兒。我想，候鳥不再數次啟航，只因找到家，尋到真正溫暖的家，覓到心靈的故鄉，不再需要展翅飛行，千里迢迢尋求春陽，那家！是終年四季的舒適暖陽。於是，我滿懷謙卑與感恩，盡心盡力，淋漓酣暢的體味家的溫暖歡愉，靜靜的享受這真正珍貴的幸福，被幸福的光輝籠罩……。

　　心在哪兒，家就在哪兒。定居的候鳥，已找到牠的家，真正的「家」。

（第二屆「城市之窗」文學獎、大專社會組首獎）

評語

張春榮

　　寫親身經歷，如何由一隻飄盪的候鳥變成定居三重的留鳥。一直以為三重也只是一個過客驛站，沒想到這城市的照護竟治好了她水土不服的病痛，她在這戀愛、結婚、生子，終於全心歸屬。

　　作者描寫探望母親之後準備返回三重時，母女的對話，既生動又傳神，又有辯證何處是真正的家的意義，韻致深永。

母者為強

陳麗雲

　　如果可以，下輩子讓我當你的母親；如果可以，來生讓我
們再續情緣。我將傾付一生所有，一如今生妳對我的無私奉獻。

　　小時候，總覺得我是沒有母親，倒似有二個父親。父親的
眼神總是沒閒暇擺在我們身上，他因工作南北奔波，鮮少在
家，家中的大小事，自是按在母親雙肩。母親堅毅剛強，一如
男人，不！更勝男人。女人該做的她信手拈來，男人該做的，
她竟也如數扛起。母親，如勇者，如巨人。

　　印象中的母親，身影總是不得閒；印象中的母親，笑容很
少駐足拜訪。母親嫻靜寡言，眉梢總是淡淡的掛著愁兒，素白
的臉卻未能掩飾美麗的容顏。從早到晚，不知哪來的那麼多做
不完的事兒，她總是忙碌著。除了瑣碎的家事等著她收拾外，
她要照料田事莊稼，踩著縫紉機做加工，拉拔四個孩子。母親
一人打點，沒吭過半聲兒。可別以為她會忙到無暇看管我們，
那真大錯特錯。母親對我們要求相當嚴格，她常說：「你們的
阿爸出外打拼，把這個家交給我，你們就是我的責任，萬一沒
把你們教好，我怎麼跟你們阿爸交代？」於是，母親是匯聚了
父親、母親兩股力量教導我們，她是嚴母，亦是嚴父。身為老
大的我，貪玩好動，頑皮的常惹來一頓毒打，弟妹做不好，我
也要跟著受罰，因為母親說我是「大漢囝仔」，帶好弟妹是我

的責任。我一直納悶，是不是每個老大都是如此沈重？

　　童年是住在鄉下外婆家，一望無際的水田是我們的戰場，卻也是我的夢魘。暑假正值收割季，大稻埕中堆積如山、結實纍纍的金黃稻穀，便是我無盡的惡夢。我和母親必須頂著烤鐵板似的高溫，將稻穀用耙子一壠一壠攤平、撥弄，這反覆的動作看似簡單，但從這頭翻攪穀粒到那頭，已是滿身大汗，滿身搔癢，窒熱難耐；未待休息，還要從這頭再翻回那頭，將稻穀曬乾，曬個香酥脆。若偷懶摸魚，潮濕的稻穀容易發霉，今年的收成會大受影響，自個兒的皮肉也將和竹尖兒一起作伴，一盤傷痕累累的竹筍炒肉絲隨時會上菜。我總在心中吶喊抗議，為什麼我不能同其他孩子一樣，自由的到溪邊玩耍、嬉戲？然望著母親炎陽下憂鬱的勞動身影，憤懣只能默默嚥回。

　　相較於在稻埕中曬稻穀，我寧願和母親待在屋內做手工，編織草席、草帽，這工作可遠比在大火爐下和熱浪奮鬥輕鬆得多了。我總喜歡和母親比賽，二人背靠著背，從草席中間開始往反方向奔馳，我編得又快又好，媽總會讚我「手腳俐落」。這是母親少數會誇獎我的時刻。夏日的午後，和媽二人編著藺草，伴隨著那台唯一會「咿呀」唱歌的電扇，這是我童年記憶中，和母親相處最香濃、最甜蜜，感覺二人最靠近的時光了。我總要求母親講述那唯一電扇的故事。我愛聽媽說這故事，不厭其煩，雖然早已滾瓜爛熟、倒背如流，但我就是愛聽。母親總會無奈的開始述說，電扇會「咿咿呀呀」唱歌是因為爺爺和父親發生齟齬，爺爺一怒之下拿起一隻扁擔，橫掃了房中所有的家具，支離破碎的不只是父母全部的家當，還有父親和母親千瘡百孔的心。公婆的強勢跋扈，痛的不只是兒媳身上扁擔掃

過的青紫傷痕，刻骨銘心的失望，才真痛徹心扉。父親帶著母親離開那座充滿鬥爭紛擾的大宅院，暫住外婆家棲身。離開時，只帶著襁褓中的我，和這只戰火中唯一倖存者——傷殘的電扇。「當時要不是因為有妳，我是沒活下去的勇氣。」這故事母親講了千百回，我總是百聽不厭，尤其愛看母親講這故事時，眼中望向遠方那種迷濛飄忽的眼神，那是堅毅的母親平日絕少有的。

　　每逢過年，我們總是要盛裝回到那座大宅院，母親會特地為我們換上整齊漂亮的衣裳，一再叮嚀：「到了老家要有禮貌，該叫長輩要叫，不要讓人家以為我們沒家教。」站在華麗的大宅院前，我充滿羨慕與不解，我們有這麼好的廂房、這麼寬闊的祖厝可住，為什麼全家竟要委屈擠在外婆家的一隅，一個在豬圈後面，天天和豬隻聲息相聞，由穀倉改建的簡陋難民營？母親卻厲色訓我：「人可以窮，但要有志氣，要活得有尊嚴，我寧願靠自己雙手，也不要向人乞討，讓人看輕，妳一定要記住。」年輕的母親教導我的人生第一課：人要活得有尊嚴。小小年紀的我，是無法理解豪門宅院中理不斷的愛恨情仇糾纏的，但母親青春卻憂愁的眼，承載濃濃的悲哀，深深烙在我心版。我只是疑惑，尊嚴和大宅院有什麼關係？

　　母親很少掉淚，她總是剛強堅硬如男子。我負笈遠地求學，第一次離家，母親送我至車站，一路我們默默無語。我呆坐在車內，眼神始終不敢飄向媽一眼，車子即將開動時，母親輕步靠到了車窗：「外地不比家裡，妳長大了，出門在外，凡事都得靠自己，有事，打電話回來。」回頭望著漸行漸遠母親的身影，驚覺發現，母親其實並不高大，而且，站在風中，她

竟顯得瘦小。

　　離家到迢迢千里的東台灣，異鄉的首夜，宿舍寢室中傳來許多嚶嚶啜泣聲，躺在平板的床上，我沒哭，不知怎麼哭。耳邊是海濤松吟，輾轉反側，望著窗外皓月當空，喔！是了！多年來，我已習慣在母親日夜踩著的縫紉機械聲中醒來、入睡。原來少了母親埋首縫紉機單調的「喀拉喀拉」聲伴隨，竟不成眠。忍著盈盈滿眶的淚水，我沒讓一滴眼淚泛出，看著圓圓的月浮出母親的臉，母親曾說過：「查甫、查某都同款，不能隨便滴目屎，要勇敢，才是阮的兒。」我望著月兒，「媽！我勇敢，我沒哭！」十六歲的我，在異鄉深切體悟，原來這心酸的滋味，就是──思念。

　　第一次看母親落淚，是離鄉後的中秋。傻呼呼的我，未經世事，錯買了廢票還當珍寶。父親大發雷霆，疾言厲色怒吼，「都多大的人了，連車票都會買錯，妳書都讀到背上去了，這錢都白花了……」和盛怒的父親對峙，剛愎的我拎起行李，負氣的走出家門，就在中秋月圓的凌晨。母親追趕了出來，見我鐵了心，只微嘆道：「別和爸嘔氣，他只是心急。妳的牛脾氣太像我，死硬的緊，吃虧的總是自己。」母親在月台和我揮別，和著成串的淚珠，和咽不成聲的「到了記得打電話回來」。這是我首次看見母親掉淚，為了我和父親的任性，為了我同她一樣，有著「打落牙齒和血吞」不屈的倔強；我也哭了，驚於母親的淚，在離開自己家鄉的路上，在離開母親身邊的流域，我哭得慘烈，為自己，也為母親。

　　再次見母親落淚，是在我披嫁紗那天。母親瞇著眼打量許久，比劃半天，終於將頭紗按在我的頭上，仔細的用髮夾──

固定。她說：「人家說新娘頭紗要擺得正，才會得人疼。」母親從不是迷信的人，這會兒卻怎的深信傳說？以從未見過的溫柔，她輕擁住我：「人說女人是油麻菜籽命，風吹到哪兒就到哪兒，我偏不信。為著爭一口氣，為著做給妳阿公、阿嬤看，證明靠自己一雙手也能夠出頭天，苦！我認了。好強是迫不得已，是被環境逼得苦。這輩子辛苦我努力的活著，只為了看見妳幸福。妳太像我，好強倔強，注定吃苦。我倒希望妳像水，柔軟有韌性。哪個女人不想被疼惜、被呵護？能當幸福的小女人被捧在手掌心，誰想當男人婆？妳千萬要幸福，不要像我，我捨不得妳吃苦，我心疼……」母親的淚一滴一滴墜落在我的白紗裙，被幸福甜蜜光環籠罩的新娘白紗裙，是母親一點一點用生命血淚呵護裁剪成的。我堅毅如鋼的母親，其實，是那麼柔弱。

原來，堅毅的身影背後，有著一顆渴望被珍重疼惜、脆弱無依的心，只因名為「母親」，不得不自舔傷口，佯裝堅強；原來，剛強的眼神後面，默默潛藏著一望無際的深邃汪洋。「母親」！只因這個名兒，使她喊不得苦，在她青春正好時，以花樣年華馱載悲苦滄桑，儘管雙眸填滿悲壯的慘烈，她依然只能披荊斬棘，只因，母者須為強，母者須為強啊！

母親，是我不捨的眷戀，是我堅實的港灣。撫玩著母親花白的髮，摩挲著母親過勞喊痛的膝，如果可以！下輩子讓我當妳的母親；如果可以，來生讓妳成為我的女兒。今生妳為我付出的，讓我用真情回報。

（「詠讚母親」散文首獎）

評語

張春榮

一、題目〈母者為強〉，與〈堅強的母親〉語意不同。前者是文言，較典雅；後者是白話，較通俗。

二、全篇自「弱者，你的名字是女人」開展，娓娓道出母親的成長經驗，由「柔弱」至「強韌」。結尾第二段點出「母者為強」中，「母者需為強」的認命，相當貼切。由「裝堅強」到「須堅強」的內化與茁壯。

三、結尾恢復感悟筆調，情勝於理，可見作者行文之姿。

原來，萬里長城也會老

陳麗雲

　　父親是雄偉綿延的萬里長城，那未隨古代飛走的一條巨龍，蟠蟠蜿蜿，無邊無垠地迤邐至天際，是我永恆的天幕，雄壯的城牆，堅實的依靠。縱使風侵雨淋，儘管日曬霜蝕，他依舊是在歷史中昂揚，屹然不倒。

雉堞儼然

　　父親是家中的主宰，全然的太陽神。自小，家中大小瑣事便是以父親的指令為依歸，父親是統帥總司令，喝叱八方，軍令如山，執法甚嚴。我和弟妹們總是只能偷偷躲在房門邊，抬起小臉蛋兒悄然仰望莊嚴的父親，總覺得父親具有神聖不可侵犯的威嚴氣概。一如那氣勢凜然的萬里長城，是那麼亙古恆常的偉大，和我之間卻是存在著一點那麼又親近又遙遠，又陌生又熟悉的莫名距離。

　　懂事起，我便是帶著敬畏的心情看父親的，畏懼父親卻又希望親近父親，一如仰視那巍峨長城。父親為了家計總是在外四處奔波忙碌，鮮少回家，簡陋的工地便是他漂泊的住所。記憶中的父親，總是黑黝黝的一身古銅色發亮肌膚，每當他出現的時候，身後總會跟著一群疲憊卻雀躍，等待父親發薪資的工

人，在客廳和父親大聲說話、談笑。父親會泡上一壺好茶，仔細將每個工人辛勤努力的代價，密密牢牢的寫在紙上，附上一疊厚甸甸的紙鈔，交給憨厚靦腆、眼神期待的工人。父親總是說：「要對工人好一點兒，不是工人靠我們吃飯，是我們倚靠工人為我們掙錢。這些老實的工人，是我們出外共同打拚的好兄弟，好伙伴，是出生入死的生命至交，當然需要好好的照顧。」

父親對工人兄弟的好情義，總是令我既敬佩又羨慕不已。嚴厲的父親對待我們，要求是相當高的。他最在乎我們的學習態度和生活規矩，他要他的孩子讀書有智慧，將來斯文拿筆就能工作，不必像他總得看老天爺臉色吃飯；他要他的孩子守規矩有禮貌，他說「細漢不教子，老來就知影。」常常，他一個眼神冷冷逡巡過來，總要令我發顫觳觫不已，深怕挨著父親一頓又青又白又紅的竹筍炒肉絲大餐。父親下手時絕不會手軟，「啪吋啪吋」的使勁，肯定教你的身子狠狠記得青紫的痕跡與味道。他的哲理是：不輕易動手，一旦動手，就是要痛，痛才會記得住！怕痛的我，卻總是忘情於嬉戲玩鬧間，常常上演的戲碼是我在父親的鞭笞下，又跳又叫的求饒：下次不敢了啦！

樸拙宏美

小時候，我和弟妹最幸福的時分，便是坐在父親那輛奔馳南北、全省走透透的野狼 125 機車身上，任它載著我們一家六口飛快馳騁，與風競速。我是家中老大，總是享有特權坐在駕駛座前方，當起父親的另一雙眼，讓父親強健的臂膀圈住我，

往陽光深處颷去。大弟會被夾在父親與懷著身孕的母親之間，小妹便是匍匐在母親背上。我們全家人便在父親強而有力的環伺下，享受難得的親情飄盪。

從襁褓時起，我們便寄居於外婆家。外婆家蒼綠田園環繞，對外交通需經過一道蜿蜒羊腸田埂，再通過一條路面極窄極彎的大圳溝，才能柳暗花明抵達那溫馨的土角厝。當我們一家在野狼機車的護衛下，快樂倦遊欲返家時，那一條彎曲的小徑，便是恐怖的險境開始。坐在前座的我總是害怕得閉起了眼睛，心更是拎得高高的懸掛著，擔心一個不小心，這輛帥氣迷人的野狼會禁不起將全家載往溝渠的誘惑。在那極窄極彎的田埂中，父親俐落的轉彎、加速，將全家平穩的送往安全的歸途。我總是悄望父親嚴肅的稜線，覺得父親簡直是神，無所不能，堅不能摧。猶如萬里長城的每一磚、每一瓦，都是結結實實的鑲在歷史的城牆上，穩穩的捍衛著我的天空與世界，任誰也不能越城池一步。

升國三那一年的溽暑，蟬唱得狂妄的季節，枯乾的夏季總有一股山雨欲來的陰霾。父親和母親開始有了不止息的對戰，煙硝味一次比一次更濃烈。我只能默默立在旁邊，以無聲的啜泣祈求和平之鴿的恩寵。隨著母親的淚水越來越洶湧澎湃，父親返家的次數也越來越稀少。夜是絕望的黑，那個炙人悶熱的夏夜，熟悉的唇槍舌戰外加杯盤破碎的爆裂，在父親用力甩上門，留下滿腔憤怒四處蔓延後，世界開始崩裂。母親承受不住茶壺悶燒的沸騰頂點，和著絕望苦楚吞下數十顆安眠藥，希望跳脫塵埃，尋求平靜。當看見強力灌入母親腸胃裡的藥水和數十顆安眠藥丸在肚腹裡舞動拔河時，我發現，堅如鐵，硬如鋼

的長城，也有頹圮破落的缺陷角落。

我曾經是不諒解的，對父親。當看見從鬼門關逛了一圈回來的母親，不言不笑，不吃不喝，怎麼搖也搖不醒的漠然哀痛，我感受她的心定被嚙咬得體無完膚，痛呀！深沈的痛，悲壯的痛。連生命都可以冷絕的放棄，還有什麼可以羈絆住她？含著憂苦不解的神情閱讀父親，心中的巍峨宮殿開始漸漸縮小，城牆不再高聳。原來，牆裡牆外的風光未必是相同的，要站上牆頭極目眺望，才知世界有如此不同。父親帶著滿臉蔓生的荒草返家，照料憔悴心碎的母親。當令人心驚膽戰的夜來臨，我總是守候在父母房門，擔心工作勞累的父親會粗心睡著，擔心母親手腕上扎著的點滴一旦滴盡沒人發覺，擔心一觸即發的炸藥庫再次點燃。父親發現了，紅腫著眼睛出來趕我回房，他要我儘管回房睡，他說，別怕！只要有他在，一切別擔心，他會穩穩的保護這個家的。

在父親強力的磚瓦修護下，我依然倚賴著城牆的堡壘成長，只是，望之儼然的父親在家的時間多了，威嚴冷峻的面孔漸漸被柔軟線條取代。幸福真味是從平凡生活中淬煉出來的，經父親以風霜修補過的棧道比以往更平穩，更舒適，更增添樸拙的雅美。

肌理斑駁

剛強的父親是中國典型的男子，膝下有黃金，男兒淚不輕彈的奉行者。他扮演永遠的強者，尤其是在他的孩子面前。當我接獲母親電話，得知父親住院即將開刀的消息，火速飛奔南

下。母親說父親原不想驚動分據各地讀書工作的孩子們，但真正住院後，越想越傷心，越想越害怕，竟嚎啕大哭了起來。他擔心手術的不確定性，他擔心茫然的未知，他擔心年輕懵懂的孩子。於是，父親決定要母親通知身為老大的我回來，回來陪伴父親度過恐懼的白色戰爭。

　　病榻前的父親顯得一副茫然失措，像極了無助害怕的孩子。這是他第一次讓我看見他軟弱，淚水在他臉上忘情的傾洩，一如悶得發慌的瀑布終於找到航道，盡情宣流。我伸出溫熱的雙手，摩挲著父親那雙掌肉上的厚繭，這也是我第一次敢主動撫摸他，感覺父女最親熱的一次。他至情至性的任晶瑩在他臉上流竄，看著他抽搐抖動不已的雙肩，第一次聽見堅毅果敢如神般的父親，微弱沙啞的對我發出懇求，要我真正像個老大，挑起他的擔子，照料母親，照顧弟妹，照顧他的家，不！是我們的家。從不知道，爸爸一直把家扛在肩上，從不知道，在燈火闌珊處，他其實是以生命來珍重我們的。執起他的手有萬斤的沈重，婆娑淚眼相對中，我點點頭，我願意，願意替他點亮這盞守護的燈，當然，只是暫時。這是我第一次知道：原來，極剛極強的外表下也有一顆極脆弱的柔軟心；原來，一直幫我扛著頭上那片天的巨人，竟然也會害怕；原來，歷史長河中穩固屏障的萬里長城，竟然也會變老……

　　帶爸媽到武陵農場度假，漫步在綠浪青翠的林間，奔向山水的召喚。沿路，我們嘻嘻鬧鬧，逕向終點站桃山瀑布朝聖去。同伴們的腳程飛快，如天上飛雲一晃兒不見人影。父親走得極為緩慢，不時需要停下來喘著氣歇歇，他頻頻催促我別管他，先走就是了。我要他別急，走多遠算多遠，輕鬆自在就

好。他見我不走，直說人真老了，不中用了，走幾步路就不堪負荷，想當初靠一輛野狼機車呼嘯，全台趴趴走，上山巔、下溪壑，和工人一天工作超過十個小時也不覺累呀，如今，唉……

父親的愛是動詞，用行動寫出歷史。父親是守護的堡壘屏障，用粗糙的雙手撐起一片蔚藍的天際。「天增歲月人增壽」，我在他的庇護下長大，萬里長城無怨無悔的經過風霜洗禮，雖然也會斑駁變老，但，在我心中，那是一條永遠昂揚於歷史中，屹立不倒的偉大巨龍……

（「話我父親」大專社會組散文首獎）

評語 　　　　張春榮

一、題目訂得極好。「原來，萬里長城也會老」若改為「爸爸也會老」、「我的偶像」，就相形失色。

二、全篇是自「我」的視角出發，「直接敘述」（tell）大於「間接呈現」，是帶柔焦的父親形象。抒情勝於敘事，形象語言的感染力極強，是脫穎而出的關鍵所在。

三、讀者有興趣，可參照同樣寫父親的佳篇，如李志薔〈甬道〉、唐捐〈有人被家門吐出〉等。

仲夏之夜的對話

陳竑諺

　　仲夏之夜，悄悄的蔓佈整個天空。

　　璀璨耀眼的星宿，點綴著夏的黑披風。蟬聲唧唧，此起彼落，響徹雲霄。天空中，星星閃耀光芒；大地間，蟬兒吹奏樂曲。這是一場天地之間的對話。我躺在草坪上，遙望著金碧輝煌的星空。珍珠灑在天際，圓潤而飽滿。還記得嗎？您時常帶我來看那星星。還記得嗎？您時常帶我來聽那蟬鳴。還記得嗎？我的爸爸。

　　壯碩的身軀，夏日晚霞般的紅膚，清淡靦腆的一抹微笑，這就是我對爸爸的素描。爸爸就像一座高塔，總是遙不可及。早晨，他總是庸庸碌碌，趕著上班；傍晚，他總是披星戴月，遲到家門。我和哥哥，只能遙遙望著門口，期盼那急湊而繁忙的腳步聲。「嘟嘟嘟……」他的手機，似乎無法開機，每一次滿懷期待的拿著話筒，都只能垂頭喪氣的放下。餐桌上，永遠擺著一碗飯和一副湯筷，等著男主人的到來。我睡了，那碗飯還沒睡。他偶爾才能早點回家享受輕鬆的生活，和我們玩耍，這是我最快樂的時光。他的雙眼卻總是遙望著遠方，儘管他的人在面前，他的心，卻已飄得老遠。

　　爸爸，你好忙，越來越忙，你離我們好遠。

　　三個月前，在百花爭豔的春季，我和同學們在學校操場切磋球技。兩批人馬到齊，一決雌雄。翱翔於籃球的世界，遨遊

於競速的天空，我們比得難分難捨，不分軒輊。終於來到了比賽的關鍵時刻，隊友拋了個長傳，發動快攻。我接到了球，奮力往前衝刺。籃框近在咫尺，敵方球員擺好了架勢，等著羔羊入虎口。我以迅雷般的速度，一個個球員都被我閃了過去。我攻到籃下，前頭卻站著一名壯碩的敵友。他張牙舞爪飛奔而來，我也奮力往上一蹬……汗水，沿著額頭和臉頰滑了下來。一陣陣劇痛滾滾而來，我倒在地上，搗著受傷的左眉。暈眩暈眩，一股沁涼滲入我的手。不！不是汗，是血。

天與地似乎鬧了起來，旋轉旋轉。眼簾中的太陽，如火龍般騰雲駕霧，模糊不清。救護車內，一群緊張的醫護人員正忙進忙出，載我前往醫院。血，宛如鳥兒般往外飛散開來。刺痛刺痛，沿著我的顴骨爬至後腦。窗外綻放的花朵，頓時黯淡無光；亮橙橙的日暈也倏然朦朧無色。大地，靜悄悄。「頭部撞擊……傷口出血……眼睛危險……」模模糊糊的字眼滲入我的耳膜，一條繩索捆住了我，把我拖進了黑暗深淵……

「爸爸……」一片死寂。

熹微的光束射入我的角膜，我搬開眼皮，陽光滋潤了我的眼，空氣滋補了我的膚。夕陽累了，躲進了山峰被窩，紅光灑滿整個天空，渲染出微微的山際。我的腦袋，昏昏沈沈，繃帶捆緊了傷口，也捆住了我的恐懼。我坐起來，搜索整個房間。爸爸！他趴在我的大腿上，雙眼緊緊的闔上。被單濕了，爸爸的眼角泛著淚光，紅腫的眼皮抽搐著。我注視著他，我好久沒那麼靠近父親。大大的耳垂，稀疏的毛髮，夾雜著一滴滴的汗水。他一發現我醒了，便起身坐了起來。淚水，從他那不可能流淚的臉龐滑下。他緊緊的抱著我，似乎害怕我會飛走。我的衣服滲濕了，我們抱了好久，也哭了好久。這一個夜晚，過得好久。

粗大的手臂，卻含有著靈巧的手技；肥大的肚腹，卻裝載著無數的寬容；粗獷的舉止，卻夾雜著周密的思緒。他是神奇的超人，消防燈亮起，我燃燒著怒火，不管火勢多激烈，他都會不惜一切澆熄大火；警鈴聲響起，我的快樂和喜悅失竊了，他都會飛快的找回我的歡笑；呼叫聲傳出，我遇上了傷心與懊惱，他便會使出渾身解數，驅走傷悲。沒錯！爸爸就是我專屬的超人。

我的爸爸，會抽空陪我們看棒球，安打，輪流和我們擊掌；全壘打，陪我們一起瘋狂尖叫。我的爸爸，會抽空陪我們打牌，排七、撿紅點、大老二樣樣精通，我們常打到三更半夜，還意猶未盡。我的爸爸，會抽空陪我們打球，精湛的球技，飛快的步伐，洋溢整個球場，挑籃、上籃、三分球……一道道美味可口的籃球菜餚，令我大開眼界。我的爸爸，會抽空陪我們放風箏。風箏高高掛在空中，隨風飄逸，上下浮動，風箏注入蔚藍的天空，我們的心也飛入空中，翱翔。

倘若我是枯竭的土地，那爸爸就是那滋潤土壤的雨水；倘若我是乏味的天幕，那爸爸就是那照亮世界的烈日；倘若我是脆弱的鋼筋，那爸爸就是包裹骨架的水泥。浩瀚的星空，映照著柔軟的大地。碧藍如玉的亮星，高高掛在空中。那遙遠的銀河依舊燦爛，夏夜星空美妙無比。觀星、聆蟬，沐浴在夏夜星空。您還記得嗎？我的爸爸。

那仲夏之夜，我們之間曾經的對話。

（「話我父親」文學獎國中組第一名）

評語

張春榮

　　以觀察力而言，這一篇始於「相關觀察」的感知，生動描寫仲夏之夜，昔日星光、蟬鳴交織，父子天倫共賞的情景（第二段）；次於「次序觀察」的感染，描繪打籃球被撞倒（第五段）、送至醫院的陣陣刺痛（第六段）、黃昏時醒來見爸爸守護的情景；終於「相關觀察」的感悟，點出父子的類比之情（第九段）。發揮了外部知覺與內部知覺的感染與感悟。

　　以想像力而言，這一篇善於「相似聯想」，包括由具體而抽象的拈連、深化（第七段）、相關譬喻的三組運用（第九段），細緻有味。

夕陽下的笑臉

陳竑諭

　　夕陽的甜蜜色彩，已經沉浸在連綿山峰那溫暖的被單裡了。黃昏約莫五、六點，夏夜涼爽的微風徐徐，一陣一陣又一陣的睡意正摧殘著我的意志。這時，爸爸哼著歌，拿起一本厚重的書，對我說：「走！去散步吧！」我頓時有一種輕快的感覺，我回了一個微笑，拿起桌上的書，關了燈，拋開了懶惰，便跟隨著爸爸，乘著微風，翱翔悠閒之端。

　　沿著人行道走著，過了馬路，到綜合運動場走了幾圈，我們便在石椅上歇了歇。樹枝上的蟬鳴響徹雲霄，彷彿是大地的交響樂章，我不由得回憶起在那炎炎夏日中，我最喜歡和爸爸在阿嬤家那塊廣如大海一般的庭院打棒球。棒球牽繫著我和爸爸的友誼，偶爾，我會投出一顆變化球，使爸爸揮棒落空，但是爸爸絕對不會服輸，當我投出下一球，爸爸那銳利的眼神會掃瞄著我的球路。只見一個揮棒，「乓」，球飛得又高又遠，這時，只望見爸爸面有難色，我知道，爸爸又打破鄰居的玻璃了。我們趕快跑到樹下的雜貨店，這是我和爸爸最喜歡的地方，因為我和爸爸會在這兒暢快的喝下夏日我們倆共度的美好時光。風，靜靜而溫柔，像天使一般拂過我臉龐，爸爸會帶我來到一塊大草地，我們就躺在上面，彷彿倚賴著天地，共同分享這由上天賞賜的悠閒。

爸爸，其實是嚴厲的。還記得有一次，我在爸爸工作的辦公室裡寫功課，但是，我一心只有繫念著在旁邊的電腦，趁著爸爸出去時，我偷偷的用爸爸的電腦玩遊戲。這下可好了，爸爸一回來，馬上便知道自己的電腦被別人用過，他生氣的問我，但是，在緊張害怕的壓迫下，我對爸爸撒了謊，爸爸一氣之下，拿起旁邊的木棍用力抽打我。爸爸，真是個惡魔！那天夜晚，我寫完功課，悶著頭早早就去睡了，我沒和平常一樣，和爸爸一起看世界盃足球賽。夜晚，我被爸爸吵醒了，爸爸說：「走！一起去逛逛。」我很勉強的答應了。坐在爸爸的摩托車上，風，也跟著我們。爸爸帶我到觀音山上，一起觀賞星星，爸爸說：「一個星座，就像一個家庭。」爸爸又比了比，接著說：「我們的家庭，也是一個星座。就在上方，看！那幾顆閃耀光芒的星星。偶爾，星星與星星之間會有距離，不過沒有關係，它們仍快快樂樂的為自己的星座付出自己的光芒。」這時，我感覺到，爸爸，真是一位天使！

月亮出來了，我和爸爸繼續走著。

前方十二點鐘方向，一間咖啡屋坐落在那兒，我們便走了進去。我點了一杯奶茶，爸爸點了一杯香醇的咖啡。咖啡香如一位優雅的舞者，他曼妙的舞姿隨著音樂搖擺，我突然覺得好放鬆。柔情，連綿不斷，月光熹微的照在爸爸的臉龐，爸爸的白髮映著時間的摧殘，在嚴厲的外表之下，爸爸隱藏在內心的，是對我細心的照顧和溫柔。

還記得六年級時，阿公去世了。爸爸一聽到這個消息，淚水，便如湧泉般落下。沈默寡言的阿公，總是把心中的愛隱藏著，以前家裡很窮，每當有東西吃，第一個便是給爸爸。我能

深刻體會爸爸傷痛的感覺，爸爸的外表堅強如鐵，內心卻如稻草一般柔軟。我深刻的體會到：爸爸，是如此的柔軟。

「走吧！散完步，回家了！」爸爸輕快的說，「嗯！」我望了望天上的星星，他正述說著星座的秘密。風，徐徐的吹，吹散了我的睡意，吹過了幸福的窗邊。爸爸笑了，如星月一般柔和的笑了。

（「話我父親」文學獎國中組第三名）

評語　　張春榮

　　以觀察力而言，這一篇始於「重點觀察」的感知，勾勒夕陽晚風中父子散佈的情景（第一段）；次於帶入回憶的「次序觀察」，包括爸爸揮棒打破鄰居玻璃糗事（第二段），說謊被爸爸處罰的慘況（第三段），以及眼前散步製咖啡屋喝飲料的情景（第四段）；終於父子回家的愉快氛圍（第五段）。

　　以想像力而言，這一篇的「相似聯想」，出自爸爸之口（「一個星座，就像一個家庭。」）帶出相互隸屬而各自發光發亮的父子情境，喻解耐人尋味。

等一個晴天

陳麗雲

　　窗外風肆雨虐，滿山草莽為之彎腰，秋颱「薔蜜」搗亂，寧靜詩意退避三舍。我受困一方小島，在馬祖外海上的東莒，隻身和孤獨美感握手言歡。倏地，雷霆萬鈞的滂沱，輕一陣重一陣，疏一陣密一陣，嚇壞了滿室秋色與沈靜。風拎著雨腳敲扣著窗，看見雨，又是個風強雨驟的天，讓我不禁想起您。

　　您走了四個多月了，就在這樣陰霾多雨的天氣。始終不願意承認，台北的天空少了您，竟是如此沈鬱；始終不願意接受，三重的土地缺了您竟是如此空虛。很多人無法想像，您對這塊土地的奉獻有多麼深遠與偉大。您親手將教育的花蕾植在三重這塊沃土，讓豐馥文化的枝椏驅走貧瘠沙漠的石礫，讓運動的種子灑落光榮、修德球場。您的鱷魚精神始終堅持，要將每個孩子帶上來。您常說：「對的事情就要像鱷魚一般，咬住不放。」您以睿智的眼光，讓三重陽光蔚藍。

　　於是，整個彷如大型機器的學校不再踉步慢行，在您的指揮下，它行走輕盈，舞動曼妙，揮灑出亮麗與光彩。許多文武獎項紛至沓來，佳評豈僅如潮，更如今日岸邊巨浪，撲天蓋地的襲捲而來。在您的掌舵下，修德發光發亮，讓人認識了這顆來自三重的熠耀鑽石。誰說，三重是刀光劍影的蠻橫之地？三重，已蛻變為躋身時代舞台、人文薈萃的文化藝廊。紀錄可以

被改寫，榮耀可以被複製，而您，帶來的感動已化做永恆，常駐心底。

是您的努力澆灌，讓晴陽閃耀在我們的前方。您就是這樣一個英雄人物，總還是帶給大家意外的驚奇！您走得倉卒，卻早已決定做大體捐贈，終生奉獻教育，令我對您傳奇的一生更添讚嘆！當長庚醫院來接引您成為「大體老師」時，這光輝美麗的一刻，也正是在晴午時分，您最愛的陽光榮耀著您。看著您的巨照，手上叼著根煙，煙霧裊裊而上，白色 POLO 衫襯著帥氣英挺的微笑。我發現您根本沒離開。那就是您，二十年前，我見到您，就是這一般情景……

那一年，初出校門的我，因著一個美麗的錯誤，躍過了家鄉台中，來到淡水河畔的三重，沒想到生命的船就這樣轉向，航向另一個溫暖的港灣。在您偌大的校長室，您就是帶著像這樣親切的微笑問我：「老家住哪裡？」「要教幾年級？」「來台北有沒有地方住？」傻乎乎的我直說不知住哪兒？您立刻請人開車帶我四處繞圈探詢，要為我安排個棲息之所。這就是您，總是把溫暖春陽灑在人身上。

執教第一年的秋天，我被班上一位家長投訴，因他買了禮盒請孩子帶來送我，我竟「廉潔」得請孩子帶了回去。家長惱羞成怒，一狀告到您那兒。您把我找了去，告訴我學校的理論與社會的實務是多麼截然不同！我委屈得直掉淚，這社會事，豈是初生之犢的我能解？您安撫了我幾句，寫了張條子給我：「人若氣我我不氣，你若氣了中他計。不氣不氣不能氣，氣壞身體沒人替。」那張您親筆寫給我的條子我始終保留著，這是您教導我成長的重要指針。多年後每每見到那張便箋，不禁讓

我懷想起那段青澀年少的日子，那一幕，我一直記得。

在您嚴厲的教導下，四體不勤的我，和大家在豔陽炙烤下揮了無數的空拍，終於學會了網球，還能上場比賽；我們許多基本功也在您的要求磨練下日新又新。於是，大家都知道，三重有支美麗的隊伍，師生都會勇奪網球冠軍；三重有個優質的團隊，蟬聯語文競賽總冠軍一、二十年，名聞遐邇。這是您紮下的根奠下的基，讓小樹苗茁壯挺直為蓊鬱大樹。雖然有時覺得您實在是嚴酷的秦王，但您以身作則，待人親切和煦，緊緊溫暖每一個人的心，教人實在也無法埋怨您什麼。

跟您開始熟稔，是在您退休之後的事了。在學校，您是一切的主宰，我只是一個黃毛丫頭。我敬您如父，畏您如師！您不當我的直屬長官了，一切竟好玩起來了。平日，您若繞來學校，總是會打個電話來「ㄙㄞ ㄋㄞ」一下，告訴我您來了。不管我在哪兒，就會立刻跳到您眼前，聊個二句，然後送您到門口，還不忘碎碎念您：「年紀這麼大了，開什麼跑車？開慢一點……」您和我一樣，都不是龜速一族的。有一回，到「陽光山林」去訪您，您從山上開車載我下山吃飯，那山坡陡滑，您故意猛踩油門不減速。我知道您是故意的，憋住不吭聲，直到轉彎過大我真的害怕起來，只好尖叫求饒。您真是一個不服輸的老頑童，永遠，都要當個強者！

您喜歡吃芋頭，尤其我老家大甲的芋頭。那天，爸媽載了一袋芋頭去給您，您興奮得跟孩子般，硬是不准二個老人家來找我，特地召我南下「贖回」被您「綁架」的雙親。您帶著爸媽參觀您們偌大的庭園豪宅，二個老人家已經夠瞠目結舌了。沒想到，您把他們「綁架」到揚昇球場吃飯，那一頓午飯，吃

得爸媽膽戰心驚，這輩子沒這麼尊貴奢侈過！從沒想到一袋「芋頭」能換來一頓滿漢大餐。我看到爸媽臉上的驚惶和不安，但我知道，這就是您的本性。東西「價格」不重要，珍重的是那份「價值」心意。您的風趣與幽默立刻收服了我驕傲的父親，他對您，打從心底懾服；並且，深深覺得我能當您的部屬，真是一大幸福。

時光荏苒，歲月走過是不打招呼的。這一、二年我忙，您每見到我總要「酸」我一下，說我翅膀硬了，飛得高飛得遠了，沒空理您了。但我聽得出您話語中其實盈滿濃濃的關懷與情意，您是呵護我的，您是支持我的，您是疼愛我的，您或許不知道，您一直是帶我展翼高飛的隱形翅膀。我還記得那個午後，我們一起泡茶讀詩的情景。您的笑一如晴空豔陽，燦爛和煦！

我怪五月五日為何不在家？我們在，您就會來，或許，故事扉頁就會改寫。或許，只是或許……

我怪那天滂沱的雨，怪您開這麼大的玩笑，氣您怎會如此不按牌理？當天，您到三重來看牙醫，我們因運動會補假一天，到宜蘭賞綠博會。中午時分電話那頭吐出您因心肌梗塞，於路邊猝然離世的噩耗。我驚愕沈重卻哭不出來。趕到長庚見您，您從冰凍櫃被拉出來，祥和平靜一如往昔，我覺得您好像只是睡著了。我想碰碰您，摸摸您，卻沒有勇氣。過了幾天，到殯儀館再去見您，我靜靜的站在您的相片前，看著您綻著招牌的笑容，穿著最喜愛的雙排扣藍西裝，雖然這張照片您沒叼著煙，但我彷彿還是嗅到空氣中您煙草的熟悉味道。您知道我們來了嗎？我怔怔的在您面前駐足了許久，很多相處的畫面在

腦海中澎湃一一翻閱，頓時，才有一股深沈想痛哭想發洩的衝動。

　　這幾年，我們像朋友，像父女。您說我永遠長不大，有時，我都覺得您比我像小孩，您這老頑童才真是永遠長不大的。六月底教育界為您辦了音樂會，盧彥勳特地從國外回來與您道別。是的，您是親手成就盧彥勳為頂尖球星的重要舵手。您是他的啟蒙導師，是他結實的依靠，沒有您，絕對沒有今日的「台灣之光」。

　　我想驕傲的告訴您，您栽的夢想種子開了燦爛的花，結了纍纍的果。盧彥勳──咱們的學生，今年在北京奧運大展光芒，以他的努力和堅毅，打敗了英國的希望，全球第六種子──莫瑞。他讓全世界的鎂光燈聚焦閃爍，這位來自台灣，來自三重的年輕孩子，以他拚鬥不懈如鱷魚般的毅力，果然「網」住全球，締造驚世的傳奇，讓全世界看到「三重囝仔」的榮耀。這一路行來他最感謝您，是您這雙推動網壇的手為他披荊斬棘，為他職業選手鋪出一條平坦的路。您曾對他說，只管放心努力打球，其餘的您會為他想辦法。您始終說到做到，是他永遠的靠山。您們曾約好在「溫布頓」球場見，您要他以「爭氣」回報您。今年，他真的去參賽了；而您，卻永遠的失約了。

　　天外低低的氣壓，錚錚琮琮的雨引我想起您。牽起回憶的手，往事，落在眼前，溫暖了我因「薔」颱困居小島的無奈與鄉愁。望著窗外，我知道：風雨會過去，陰霾會消散，陽光會重現，我們會再相見。我等待一個晴天，一個讓陽光再輕撫我臉的晴天，一個晴空歷歷天清氣朗的晴天，當風一吹，我的祝

福您就會聽見。心晴朗，就看得到永遠！我，等一個晴天。

（第五屆「城市之窗」全國文學獎大專社會組佳作）
（僅將此篇文章獻給我摯愛的林東瀛校長與黃明慎老師）

評語 ✎ 張春榮

一、〈等一個晴天〉寫一個如師如父的長者，生命中的貴人。這樣的長者有其陽光的「可敬」，也應有其「老小」（老小老小）越老越小的「可愛」。（可見第八段）似此「老小」的情境，若多寫一些，本篇會更見人性的親切與溫暖。

二、對作者而言，與其「等一個晴天」，不如也讓自己變成「陽光」。當「陽光」缺席時，另一個「陽光」持續展開溫暖的笑靨，照亮人間。

童詩四首

超級媽媽　　　　陳竑諺

媽媽是超級提款機
肚腹內裝載著無限的愛心
要多少，有多少
將我的孤單和恐懼
緊緊擁抱

媽媽是超級電熨斗
肚腹內裝載著源源的熱流
暖暖的，暖暖的
將我的煩惱和憂愁
——燙平

媽媽是超級夢工廠
肚腹內裝載著神奇的童話
載我乘著想像的翅膀
共同翱翔

媽媽是我的陽光
媽媽在哪兒
家就在哪兒
幸福就在哪兒

（「詠讚母親」國小童詩組第一名）

評語 張春榮

一、全詩透過四個「詳喻」（本體＋喻詞＋喻解）的排比，
　　展現作者聯想的豐富流暢力。
二、每一節中的「詳喻」能加以引申延展，引人入勝。
三、結尾由實入虛，總括全詩，特別能兜出音樂性的強度。

水媽媽

陳竑諭

媽媽是忘情水
當她拿起麥克風唱起歌時
總是激動得忘了放下

媽媽是肥皂水
將我身上污垢洗得乾乾淨淨
自己卻變幻成泡沫

媽媽是溫開水

當我難過悲傷時

她是治療我的活力源泉

媽媽是海水

寬闊的大肚量

包容我所有的過錯

媽媽是水

最喜歡人家說她水水的

媽媽是水

水是媽媽

滋潤我心田的水

（「詠讚母親」國小童詩組第一名）

評語  張春榮

一、全篇以「水」為想像軸心，分別平行開展。

二、藉「忘情水」、「肥皂水」、「溫開水」、「海水」的辨析，
　　呈現母親的多元功能與角色。

三、結尾總括，發揮「水」的「雙關」意涵，相當親切有
　　味。

一重二重到三重　　陳竑諺

爺爺說：「我是一重人。」
讀冊、手藝項項第一，
犁田、放牛誰人能比？

爸爸說：「我是二重人。」
家庭、事業樣樣重要，
上班、塞車雙重累人。

那我呢？那我呢？
我是什麼人呢？

媽媽說：「你是三重人。」
你吃三重的米苦壯，
你喝三重的水長大，
你在三重的愛中孕育長大，
你是真正的三重囝仔。

喔！
青山綠水在三重，
陽光水岸在三重，
溫馨歡樂在三重。

一重二重到三重

我，是一個真正的三重囝仔。

（「城市之窗」國小童詩組第一名）

評語　　　　　張春榮

　　這首詩構思令人讚嘆！三重市是由一重、二重發展而來；我的家是由爺爺、爸爸奮鬥而來。作者結合了都市發展史與個人家族史，表現生活的意義、對居住地的認同，清新自然！

眼睛　　　　　蔡曉萱

哭泣時的眼睛
像裝滿水的水桶
只要輕輕的責罵
眼淚就會從
破裂的水桶
快速的衝出來。

生氣時的眼睛
像飢餓的老鷹

盯著獵物
銳利中帶著殺氣。

爸爸的眼睛
最勇敢
眼淚只有
夜晚知道。

（「城市之窗」國小童詩組佳作）

評語

陳麗雲

文章分三段，以排比方式呈現。

一、前二段善用「比喻」，形容眼睛的不同表情。如「哭泣時像裝滿水的水桶」、「生氣時的眼睛像飢餓的老鷹」，觀察力細微，非常生動有趣。

二、第三段是文章脫穎而出的地方。善用「轉化」（爸爸的眼睛最勇敢），且點出男兒有淚不輕彈的壓抑與苦悶，非常成功。

涙和笑

陳竑諺

　　人生，是一部悲喜劇。悲與苦釀成了甘醇的葡萄酒，喜與樂灌溉了芬芳的奇葩。剛出生的小寶寶，呱呱墜地時，嚎啕大哭。直到躺在母親的懷裡，才含笑入睡。涙和笑，透露了人內心的感受，道出了生活的多采多姿。

　　有一名自行車選手，在各項比賽中都拔得頭籌。等到他正編織他的傳奇時，卻被告知得了癌症。灰心喪志之餘，他一度對生命放棄了希望，獨自一人躲在角落哭泣。直到有一名友人問他：「你為何不再創造一個人生的高峰呢？」他頓時燃起生命之火，再度騎上自行車，踏上夢想之路。以痛苦為師，以血淚為養料，他終於獲得了環法自行車冠軍。他喜極而泣，落下的淚不再是病痛的淚珠，反而映出勝利的微笑。他，就是著名的自行車選手阿姆斯壯。淚，也可以綻放喜悅的笑容。當我們墜入谷底，絕望與悲傷盤旋在腦海中，不免落下眼淚。但俗云：「生命是鐵砧，愈去敲打，愈能冒出火花。」捨去悲傷，重拾希望，步上成功的基石。眼眶泛出淚光，此時，閃耀的是喜悅。

　　笑，是世界上共通的語言。唯有真誠的笑顏，才能豐美生命。走在街上，走在商店前迎賓小姐的微笑，我知道，是職業，強顏歡笑，以求溫飽。步入店裡，老闆的痴笑，我知道，

是貪婪，為求富貴，汲汲營營。行經娛樂場所，眾人的歡欣大笑，我知道，是誘惑，使人落入墜落的壑谷，陷入盲目的泥沼。我知道，不真不誠的笑容身後，內心在哭泣。何不拋開私欲，散播快樂的種子呢？你笑，我笑，讓全世界都洋溢歡愉。笑，可以是悲傷的鎖鍊，也可以散佈喜悅。唯有真心一笑，才能使世界共同微笑。

淚和笑，只隔著一張紙，心之所向，心之所受。人生，因有悲歡離合而豐富。淚和笑是一座外界與內心的橋樑，將思想、心想都付諸於世。

笑中有淚，淚中有笑。何不好好觀賞這齣以淚和笑譜出的悲喜劇？一齣以真誠之淚、真誠之笑舖敘的悲喜劇。

（聯合作文國決賽　八年級第四名）

評語　　張春榮

　　開頭和結尾都以「淚和笑」串起人生悲喜劇。就文章結構而言，首尾呼應，一氣呵成。

　　以心理分析的手法刻畫「淚」和「笑」的影響，並舉環法自行車選手冠軍<u>阿姆斯壯</u>為例，說明心理建設能導致生理變化，進而能改變個人命運。文章充滿勵志的元素，呼籲以「笑」產生喜悅，開創生命的藍天。

　　此篇文章除了善於引證之外，第三段先反後正的辯證，論述委婉，點出「笑」乃貴在真誠，循循善誘使人信服。句子簡短，節奏輕快，讀來簡潔流暢。

自治與自律

陳竑諺

　　正值民主自由時代，人人講究自由、平等。正在茁壯成長的我們，在如此自由開放的環境下，如何守好本分，自己規範行為舉止呢？自治與自律便是使自我心靈昇華的不二法門。

　　劉墉曾說：「從今天起，我就要你作主。」他對孩子寄掛著無窮的信心，相信兒子能在自治的情況下，領略人生之道，且對自己負責。自治，意謂自我治理，卻也代表以後的路，都要自己獨自走下去。求學的過程當中，有許多的環境需要我們自己來安排。段考將近，自行安排計畫表或主動到圖書館讀書，都是自治的表現。班級中的班會，討論班上事務或者提出班級上的問題，進行投票，也是自治的彰顯。人，就像植物，有些人就像草莓，在地面上匍匐行走，不往高處生長；有些人像葡萄，需要有人在旁指點、提醒，才能攀附生長；而懂得自治的人則像蓮花，中通外直，不蔓不枝，獨立從泥沼中向上生長，綻放燦爛的花朵。自治是讓我們這群慘綠少年知道：未來的路十分漫長，長輩們也不會每一刻、每一秒都待在我們身邊，我們應要懂得自治，統理自己，紮實的一步一步向前行，並對自我負責，才能使人生道路上溢滿歡笑，開滿成功的花蕾，活出更恢弘的自我。

　　古時，管寧和同學同席而坐，苦讀經詩。倏地，窗外人聲

鼎沸，熱鬧無比，那位同學因眷戀世俗，便起身跑到市集看熱鬧。當那名書生回來，準備繼續讀書時，管寧卻把草席割成兩半，和那位書生分席而坐，便說：「一個不懂自律的人，不配和我一起讀書。」縱覽古今，橫觀中外，每一位偉人不都是嚴以律己，才能成其偉大嗎？通往成功的康莊大道上，許多誘惑蟄伏其中，考驗我們能否自律。美國國父華盛頓自律誠實、謙卑；滿朝孫都自律認真為學，因此以頭懸梁。為何不仿效前人之精神，自我規範並自我設定目標呢？張潮曾云：「律人宜帶春氣，律己宜帶秋氣。」自律的目的是為了走向光明，並划向自我期許的目標。千萬別像宋朝的方仲永，不會自律而浪費才華；千萬別像亞當與夏娃，受到誘惑而偷嚐禁果，被上帝逐出伊甸園。我們要懂得自律，不讓社會衍生問題，不讓生活出現缺陷，要使世界更和樂融融。

　　自治就彷彿是曲調，自律就彷彿是五線譜，人們就彷彿是音符。音符可以自由的舞蹈在曲調中，卻不能跳脫五線譜的方格外。在這民主自由時代，雖然開放但卻不能馬虎。自治，用有限的自我彩繪青春；自律，用良知與良能來規範自己，通往成功。懂得自治與自律，才能譜出一首美妙的人生之曲。

（語文競賽國中作文第一名）

評語　陳麗雲

一、內容切合題旨，論理敘事條理分明，舉例合宜，結構完整。

二、文章最成功之處是善用「譬喻」，如「人，就像植物」（草莓、葡萄、蓮花）並點出喻解，說理清新。末段的「譬喻」更是文章閃亮之處。將「自治」喻為「曲調」，「自律」喻為「五線譜」，「人們」喻為「音符」。「音符可以自由的舞蹈在曲調中，卻不能跳脫五線譜的方格外。」使文章整個鮮活跳了出來。

童　年

郭亭均

　　那日，與同學偕同至台北火車站對面的台灣故事館。濃厚的懷舊氣息迎面撲來，一切都讓人彷彿置身於 60 年代。老式的建築，厚重的收音機……無一不吸引大家的目光。尤其是那陳列於鐵色櫃子的一排古早童玩，更蠱惑了我的心，蕩漾起我遺失已久的那份童年，在我心中，泛起了一波波漣漪。

　　幼稚園，那時正值天真無邪的我。每日捧著那如心肝似的娃娃。穿新衣，換衣服，梳頭髮，再摟在懷裡抱一抱，說她是我的小女兒也不為過，我是那位替她決定她的一切的主人。偶爾與幼稚園同學的娃娃，一起喝杯下午茶，一起去逛街。故作自己的寶貝就是那高貴美麗的大人們，學著說大人們會說的話，學著做大人會做的事，對於如此有趣的辦家家酒，樂此不疲。我的娃娃，就這樣住在小鞋盒裡，每日每日等著我的到來，等著我的遊伴。

　　小鞋盒的擺設，依著我的理想與執著，慢慢的增設。隨意的剪張白紙當作小桌子，我也可以高興一整個下午，蹲低身子，牽著小娃娃的手，繞著小白桌，轉呀轉，唱呀唱。伊伊呀呀，哼著媽媽教我的兒歌，樂的像要衝上天花板。尤其是在悠閒的午後，將自己捏的黏土筆筒，隨意改造成奇形怪狀的家具，再放入那充滿夢想與希冀的夢幻小世界，是最讓人興奮不

過的事。就這樣，搭配著手工的家具，富有自己創意的黏土，童年的藝術，再滴入幾滴想變大人的心情調配劑，那一刻——幻想長大的心，無限延伸。

抱娃娃的日子，是屬於我的純真年代。

國小，慢慢的遠離了這種娃娃的甜美生活，轉而進入另一個階段的童年。我漸漸的移情別戀，開始對小而精美的玩意兒感興趣——娃娃就此被打入冷宮。曾有一段十足瘋狂的日子，桌上堆滿了五彩繽紛的小珠子，紅的一堆，藍的一堆，圓的一角，方的一角，囤積了快衝破頂層的量，珠子耀眼的讓我睜不開眼睛，當然也快氣炸了專門收拾善後的媽媽。配色，是我在串珠時，享受到的最大樂趣。紫色，接著橘色，打個結，再放上閃如夜明珠的小裝飾，我總是喜歡違背正統的串法，在線上，纏繞更多絲絨，使整體看起來既柔軟又繽紛。做好的成品掛在房間的牆上，吃力的爬上椅子，搖搖欲墜卻不改心意，堅持要將自己親手做的秀給全世界看。微瞇一瞧，一閃一閃如霓虹燈呀！小小的心靈，頓時得到最大的滿足！每當睡覺時，抬頭望望，好像仰望著滿天的星空，睡的也總是更為香甜。

當然，懊惱也是常有的。串久了，眼花了，珠子就開始不聽使喚。明明孔洞就近在眼前，唉呀！怎麼老是那麼調皮搗蛋，愛亂跑呢？那孔洞，像是會旋轉般，我穿這兒，它就跑到另一頭。遇到它心情不好時，還會讓花了幾天、幾小時的心血，統統散落一地呢！說串珠不好，但我卻在這般過程中，品嚐了融入規律的感覺，每顆珠子代表我的一種心情；每種拼法象徵我的創新；每件作品都是我心中最大的榮耀！這些珠子，串起我一顆顆童年的生活，串起我最華麗的一段時光。

串珠的生活，燦爛了我心房的每個角落。

12 個年頭過去了，我升上了國中。無憂無慮的國一生活來到了四月四日，卻給我相當震撼的衝擊。曾幾何時，我們日復一日、滿心期待的兒童節，就此消失？童年的滋味就此畫上一個令人無法接受的句號。那是我第一次感覺到自己真的長大了，視野變了，一切都變了。似乎不再是那屬於我們抱著娃娃，掛著串珠，哼哼唱唱，撒撒嬌的世界。

我永遠無法忘掉那一日，我下定決心，將我珍藏的娃娃，無物能取代的串珠，裝進一個回憶的大紙箱裡，密封，扔掉。大家都訝異於我的舉動，連我自己也不例外。從小到大的我，就一直很想長大，想變成熟，想當大人。為什麼到了能如願以償的一天，我卻有猶豫，卻有一絲絲的不情願？

漫漫的一年過去了，我想通了。成長，是必然的；改變，是應該的。雖然童年過去了，但是，時間是帶不走我心中的那份最初的回憶。我保存了心底的那份純美，告別了高潮迭起的童年。四月四日，童年的開始與結束。現在，我才要開始我嶄新的人生。

（第四屆「城市之窗」文學獎國中組第一名）

評語

評　審

路寒袖：

　　記錄童年喜愛的玩物，諸如娃娃、串珠……，每一樣無不承載著成長的記憶。可貴的是作者小小的年紀已經察覺到時間的流逝，並且懂得封存記憶，瞻望前方，而這正是成長的表徵。

陳義芝：

　　敘說小鞋盒的夢幻和串珠珠的心情，相當傑出，文筆與思維都早慧。

吳鈞堯：

　　隔時光，看玩娃娃與串珠珠的童年，一切都趣味盎然，卻也充滿未來的暗示。文字靈活，佈局也不錯。

幸福的滋味

丁宛臻

　　依稀記得，那已是很小很小的時候了。那當我還綁著兩隻辮子青澀稚嫩的時期。當時，不知道看了哪一部廣告，片段中就提到了「幸福」兩個字。於是懵懂無知的我便好奇心大發，以俏皮的口吻問道：「媽，幸福是什麼啊？」那時，媽媽就用了她最溫柔的笑容看了我一眼，說：「幸福就是一半的幸運加上一半的福氣。就像我一樣，遇到你爸爸也是一種幸福呀！」之後，爸爸和媽媽便相視而笑。那時的我，也不過才幼稚園而已，並不是很了解媽媽的意思。只能站在一旁跟著點頭，傻笑。一直到長大之後，我始終當它是句玩笑話，但這句所謂的玩笑話卻也深深植入我心中。

　　陽光斜射進窗，灑滿了一地麥穗似的金黃。受到陽光的洗禮，此時的我是幸福的；起床時，看到每個人嘴角揚起，遨遊於夢中王國。見得他們睡得如此這般香甜的模樣，那是幸福的；步出公寓的鐵門，聽到鄰居甚至是晨跑的老伯伯，亦或是不認識的人，一聲聲的早安。此時，一股股暖流從心中流過，那是幸福的；考試考得不盡理想時，有朋友的安慰，老師的鼓勵及期勉，那是幸福的。點點滴滴幸福的滋味便就此誕生了。瞧！要令別人也擁有幸福的滋味，並不是一件多困難的事。不會少你一塊肉，更不會要你上刀山或下油鍋。也許，只需要你

的一個小小的幫忙，或一個真心的微笑，甚至是一聲誠懇的道早，這個世界就會變得更加的幸福，更加的美好。

所謂那幸福，我相信對於每一個人來說都有不同的定義。一位辛勞的媽媽可能會說：「幸福，就是與家人相處的每分每秒。」一位盡責的老師大概會說：「幸福，就是看到我的每一個學生都能健康又快樂。」一位熱愛料理的廚師或許會說：「幸福，就是看到客人吃了料理後，所展露出的那種滿足笑容。」一對熱戀中的情侶也許會說：「幸福，就是與我的戀人擁抱的瞬間。」看！他們對於幸福的定義都各自有一番不同的見解。或許，這是跟他們的身分不同有關係吧！站在哪一個角度去想，對於幸福的定義自然都有一套不一樣的解讀方式。但，能夠百分之一百確定的是，幸福就是一種令人快樂的元素。

幸福幸福，說起來似乎很容易，但要真正下定決心並實際去行動卻可能有點難處了。就針對我個人的看法來說，我認為所謂真正的幸福，就是知道你很幸福。這句話聽起來似乎有許多的矛盾點，但，要知道你很幸福是一件多難的事，相信你可能也不知道。然而這就是所謂的「知福」。而當你知道你有多麼的幸福之後，還要懂得去好好把握，用心去珍惜這份幸福。也就代表了如何去「惜福」。然而，幸福當然不能只是一味的認為是屬於自己的，還要將大愛發揚光大。也就是德蕾莎修女所說的：「我們無法做大事，但我們能以大愛做小事。」用心地去幫助他人，讓其他人也能感受到幸福的滋味，此時的你就已做到了「造福」的境界。

處於叛逆期的青少年，就是一個相當典型的不知福的例

子。甩上門就走，這是他們一貫的作風，可能就只是因為他們覺得這樣很「酷」。而脾氣暴躁易怒，愛好逞凶鬥狠，甚至是染上其他更不好的惡習，也都可能是他們想證明自己已經長大了的宣告。但他們可能從沒想過，此時留在家裡的，是哭紅了眼的父母，還有那垃圾筒裡滿滿的衛生紙；留在房間中的，是曾經歡樂的全家福，是曾窩在電腦及電視前的影子；是迴盪在每一個角落的那曾經的歡笑聲。就因為一個舉動，使得父母不禁嘆道，當初那個活潑天真的孩子跑哪去了？亦或是繼續擦眼淚及哀嚎。只顧著抱怨，只看到父母的缺點，這就是他們的寫照。然而，他們不曉得的是，當他們在外捅了摟子，收拾的是父母；當他們惹上麻煩，第一時間跳出來保護他們的也是父母，那被他們嫌的一無是處的父母。他們，或者是該說我們，「身在福中不知福」，這會是一件多麼悲哀的事！因此，有時站在不同的角度及立場去看同一件事情，所得到的收穫將是無可計數的！唯有如此，幸福的家庭才會逐漸成形。

　　攤開你的掌心，每個人手中都躺著一隻小小的精靈。好好地抓著它，牢牢地守著它，可別讓它從你手中溜走了。因為，把握著目前僅有的事物是種幸福；能體貼別人，包容別人是種幸福；能欣賞美好的事物是種幸福；能跑，能跳，能笑更是種幸福。能緊緊抓牢掌心的小精靈，它便也會一直跟著你。大概是因為，這隻小精靈的名字就叫做「幸福」吧！

　　　　　　（第四屆「城市之窗」文學獎國中組第三名）

評語

評　審

路寒袖：

　　不論媽媽或作者對「幸福」的定義都很有創意，就一個國中生而言，如此的人生體會，可說深具哲思。全文掌握住主題，從各種角度切入論述，結構性極佳。

陳義芝：

　　夾敘夾議，敘事平易近人，議論也不空泛。

吳鈞堯：

　　身兼「作文型態」「抒情姿態」，因此能擺脫作文的刻板，而能帶著情感，抒談幸福的滋味。

生命之歌

陳竑諭

　　「嘟……答……嘟……答……」書店裡一個灰暗、不起眼的角落，隱隱約約的，發出了奇特的音樂聲，微微弱弱羈絆著我，我試圖走出這個迷宮，卻逃不出去，無意之間，我的腳和牆腳邊無數的叢書發生碰撞，就在我紫青的小腿肚發出淒厲的音調中，預言著我與多明尼克·鮑比之間，即將發生一場超越時空的邂逅。

　　「一道神秘的光芒，使我全身的肌肉得到了解脫，徜徉於曼妙的音調中。」打開書，映入眼簾的文字，帶我進入了一個奇妙世界，進入了《潛水鐘與蝴蝶》這本書。多明尼克·鮑比正是本書的作者，我從書中第一眼見到他時，心裡便浮現了一絲憧憬與期望。首先，他詳盡委婉的向我介紹他令人感動的坎坷身世。此時我才恍然明白，這可不是一本普通的書，裡面不但記錄了多明尼克·鮑比年壽將盡時，躺在病床上的偉大思想，這不只是一本書，更是一本以肢體奉獻一生的偉大紀錄，是用生命的樂章譜寫生命真諦的生命之歌。

　　《潛水鐘與蝴蝶》是一本只用左眼寫出來的書，作者多明尼克·鮑比本來是法國 Elle 雜誌的總編輯，事業平遂順利，家庭和樂，過著幸福快樂的生活。然而，幸運之神不知何時悄悄離開，真是「天有不測風雲，人有旦夕禍福。」這一天，健

壯的他突然腦幹中風，全身癱瘓麻痺，甚至不能言語。醫師為了不讓他的右眼發炎，將他的右眼縫起來，他的全身只剩左眼還能動，這對多明尼克‧鮑比是一項多殘忍的打擊，多痛苦的考驗。

多明尼克‧鮑比沒有屈服，就靠著這隻左眼，只靠著這隻左眼，他一字一字地寫下了這本回憶錄，記載他在病中的心情血淚。多明尼克‧鮑比的書詞語細膩，並沒有因為身體的不適、表達的不便而將文字簡短，他還是忠於原本的自己，用文字記載自己的生命，用文字唱出高亢的生命之歌。可惜的是，在這本書問世的第二天，他就力氣用盡，離開了人間……。令我印象深刻的是多明尼克‧鮑比對生命的詮釋，他曾說到：「燈塔，一個勇氣的象徵。他代表了無數大愛和堅韌勇氣，為海上勇者打通明亮，白天雨天無所不在，永永遠遠矗立於那。這就是燈塔的願望與期望。」沒錯，多明尼克‧鮑比就像燈塔，他堅韌的勇氣與強韌的生命力宛如一座矗立的巍峨燈塔，依偎在海平面，勇敢的俯瞰著遠方。

人活著，就是偉大的證明。我深信著，只要活著的人，就是有無限的潛能，多明尼克‧鮑比以偉大的堅持，以舞動的天使翅膀，對世人宣示：「我絕不向命運低頭，我要證實，每一天，我都在人生的石版上，雕塑著永垂不朽的歷史。」就是這樣強烈的意志，煽動著我對人生百態的熱火。在我與鮑比的書時空約會中，我更深刻的體會到親情的重要。多明尼克‧鮑比對於親人多重照料的感動，親人的愛，不但使他勇敢度過難關，更指引他行向菩提路，雖然只剩那睜一隻、閉一隻的眼瞼，但是多明尼克‧鮑比光明人生並未停止，反而因為溫暖的

親情，使他的生命開出更燦爛的花朵。親情使災難化為烏有，家人是最安全、最堅實的港灣，在我生命的路途上，一路有家人的照料、陪伴、關懷，我想，這就是人生最溫暖明亮的強烈光芒吧！看到報章雜誌上總是有人做出瘋狂的愚蠢舉動，父母親不禁感嘆，有人幸福，卻不懂得珍惜，等到失去才後悔莫及，這些愚蠢至極的人，總是有著一堆藉口。我想，他們早已被困在、囚禁在得不到自由的潛水鐘裡了。「我不想讓自己成為負面、失敗的成品。」多明尼克‧鮑比是這樣告訴我的，我很幸福，重要的是，我要能珍惜。

　　我雖身於潛水鐘裡，但我卻要賣力的舞動自己的人生，像蝴蝶般飛向自由天空。台灣奇蹟莊馥華就是一個最經典的例子，他不僅是文學之門的開拓者，更是生命之譜的指揮家，他的心裡總抱持著不放棄的精神，精進，更精進，和多明尼克‧鮑比先生一樣，將生命看得無比高貴且榮耀，他們都是我學習的典範。

　　眼瞼不斷眨合，天神的審判裁定無情判決，但多明尼克‧鮑比不屈不撓的大愛，將所有情義融合。生命的勇者其實就在每個角落，都努力的奮鬥著，為自己留下最偉大的「生命之歌」。我學到了生命的真諦，學到了要與勇敢往全新的世界去摸索，我將用心的尋找屬於我的生命樂章，譜寫我的生命之歌。

（第四屆「城市之窗」國中組散文第三名）

評語 ✎ 評審

路寒袖：

　　這是一篇讀書心得的作品，作者文字熟練，表達能力亦佳，雖是論述之作，卻有相當的感染力。

陳義芝：

　　這是一篇讀書心得，可貴的是，選讀的書能引發同情，鼓舞希望，呈現生命的毅力。作者小小年紀能有此胸懷，令人感動。文中提到莊馥華，多了這一個對照的實例，使關懷之情更為落實。

吳鈞堯：

　　作者沈浸在閱讀的世界裡，更與大家分享閱讀的感覺。悲憫的胸襟讓一篇讀後心得展現難得的感染力和親和力。

俺　哥

呂　晹

　　俺哥大俺三歲，除了俺身不由己，口不能言的嬰兒時期任他作威作福之外，在俺稍稍成長，略曉人事之後，他老大美到冒泡的好日子就如夢幻泡影啦，這不讓俺給收拾得服服貼貼，乖得像隨時都要乞憐求愛的寵物。誰叫他不爭氣，溫溫吞吞、平平順順的，一絲兒氣概全無。天秤座？忝為現代青年的俺，對星座一點都不研究，查了一下星座專家的官方說法，這是一個愛好美與和諧，仁慈有同情心，天性善良、溫和、體貼、沉著；種種跡象都傾向於特別為俺哥量身訂做的一樣，什麼嘛？他擺明就是讓人發好人卡的族群，像俺，事不論大小，高興吆喝他就吆喝，他還笑臉相迎咧。

　　小學時代就別提有多廢了！時間之多，總要讓俺生些事來填補課餘時間。偺媽媽就生產俺們哥兒倆，俺能招惹的對象根本沒的選，除了俺哥，還是俺哥，所以囉，俺就不客氣啦！最常找他玩的就是不動聲色的藏他東西，重點是俺當然不會宣告遊戲開始啦，只有俺自得其樂的暗中策畫進行。遊戲的高潮總是在俺們要被趕上床之前爆發，無辜的哥哥找不到他的鉛筆盒或帽子或作業課本等諸如此類的東西，急得撓頸搔首答不出媽媽的垂詢，訥訥的只會重複：「剛剛還在這裡啊！」俺饒有興味的冷眼旁觀，看俺藏東西的功力在多少時間內會被破解？然

後還要小心收斂，不得面露得色。俺曾經藏過俺老子的菸，後
來他在俺們家窗外冷氣機上發現他兩個月前就放棄尋找的失蹤
的香菸。不過，基於身分相差懸殊，俺比較不想和他玩，還是
跟俺哥玩趣味多了。俺們家呢對於莫名失落的東西，一向是推
給「家庭小精靈」，因為只有這樣才能解釋何以無故總要三不
五時來一次全家總動員，翻箱倒櫃找東西。只是，再笨的父
母，被一而再，再而三的有違常理的事件中，也會察覺事有蹊
蹺；終於在一次尋找直笛的任務中，認真把俺當嫌疑犯質問，
原來先前俺老子如有神助的用手電筒從三樓往防火巷的旱溝裡
照，很不幸的，讓他看到躺在旱溝裡那支象牙白的直笛。俺還
正為自己的完美演出自我讚嘆，想說他們這下把房子翻過來也
找不到了吧？沒想到人算不如天算，俺還白目裝乖的一問三不
知，俺老子少見的聲色俱厲說：「要我下去撿給你看，才要承
認是你丟的嗎？」這就是人口簡單的壞處啦，沒得推，只好認
栽。凡此種種，俺那軟柿子哥哥，總是一副息事寧人的樣子。
這不是害俺嗎？俺只能更用力的絞盡腦汁惡作劇，有恃無恐的
等待諒俺哥沒膽也不敢的反擊。

　　升上國中時，俺哥國三，新生報到前，他就興沖沖的知會
俺，他們班全都認識俺了，敢情好！俺哥被編到一個學風無限
自由的班級，國三生，下午四點準時下課閃人，俺這國一菜鳥
還得上第八節咧。就知道，模擬考確實的虛到爆，公立高中都
快跟他絕緣了，還每天嘻皮笑臉，不知所以。國中同校那一
年，俺一點也不留情面給他，狠狠的在他眼前出盡鋒頭，等著
看他被笑話。偏這多讀俺幾年書的哥，簡直是個活寶，一點也
不懂瑜亮情結，還逢人就誇俺，說得跟神一樣。還好他高中上

了社區公立高中，嗯，天公還是有在疼憨人的。為了讓他瞧瞧俺的能耐，兩年後俺用力往前衝，時值升高三的俺哥，在俺基測當天，蠢到傳簡訊殷殷叮囑國文科作答方針。國文是俺的前世的冤家，拿它沒轍呀！第一節就考，手機也不能進考場，婆婆媽媽的連傳幾則，大概想到哪就立即以前輩的姿態說到哪，等俺考完上半天，午休時才看到他特意早起發的教戰守則，不禁嘴角抽搐，臉上三條黑線。

俺哥的偶像崇拜直到上高中那年才發作。他的精神導師周杰倫度化了他，竟然無師自通的彈起鋼琴。俺們家的破琴被他操到走音掉牙還不死心，好像周杰倫上身一樣不能自己。俺們全家癡傻的看著他煞有介事的玩弄鋼琴，還許俺們點歌咧，事情的發生不過短短個把月，咳，有本事。他就一路瘋魔到現在，上星期的某天，深夜十一點二十分，有人按門鈴，媽媽應門，兩個警察杯杯，一個不知花落誰家的芳鄰，警察先生問：「有人在彈鋼琴嗎？」俺那平日修養尚可的媽媽，只要犯上跟他兒子有關的事，護短偏袒的心態就會一覽無遺。她木著一張臉，用冰過的聲音說：「你現在有聽到什麼嗎？」

波麗士大人：「沒有……可是大概半個鐘頭前有人在彈嗎？」

母親大人：「那時還不到十一點吧？不能彈嗎？」

波麗士大人：「是可以啦，不過有人反應，我們就要來看一下。」

母親大人：「我們知道規矩，也會自制，請放心。」

波麗士大人回頭向那位檢舉人說：「好啦！我們有來看啦！」

　　一行人退場。媽媽先數落檢舉人的水平，再對俺哥循循善誘：愛彈琴好，但不要吵到別人才是乖寶寶云云—嗯。每次俺好不容易擠出一點時間想跟俺的電腦溫存一會兒，近在咫尺的哥哥就自動為俺伴奏，周杰倫不能說的秘密被他砸得熱血沸騰，血脈賁張，他是手癢難熬，俺是牙癢難耐，只差沒有拿俺的吉他反抗回去。不過彈琴被檢舉，還被阿姨消遣說是因為難聽嗎？憑良心說有失厚道啦，君不聞街頭巷尾的卡拉不ＯＫ、念經超渡的法會、廟慶信徒同樂會，林林總總，鋼琴？又不是拿它往樓下砸，能有多吵？不過，反正是抗議俺哥，與俺無關。

　　話說高二那年，俺哥交了一個女朋友，貌不驚人，面容平淡得不忍卒睹，不小心想到還會餘悸猶存，真不知他在想什麼？盛夏的一天，阿姨給了他六福皇宮戲院包廂的票，唆使他帶女朋友去見見世面，結果一場電影看了一天。說是人生地不熟，回來搭錯車，一次就算了，連錯三次，這豈不成了傳奇？更兼燠熱難當，真是唇焦舌蔽，一回到家，迫不及待的卸下肩頭負擔，往地下一撒手，俺們同時聽見袋子裡一聲悶響，正狐疑，俺哥一個箭步上前，提起袋子一看，心碎欲絕的表情。玻璃罐裝的汽水重獲自由，正活潑快樂的四處奔流，俺娘識趣的提走，說她來處理就好；看著俺哥瀕臨五內俱焚的形狀，俺只好聊勝於無，言不及義的說：「沒關係啦！」他差不多快爆跳起來，最後只頓足說：「那是我特別留給你喝的，包廂才有送的。」看他欲哭無淚的懊惱，說一路焦渴都忍著沒喝，俺只好用力嗅一嗅空氣中殘存的汽水味兒，進口的耶！

　　待俺也上了高中，俺哥就被淹沒在水深火熱的高三生活

裡。就在俺意興風發的一個上學的早上，穿著那件引人側目的外套，這批外套有個特點，就是你走路太招搖的話，就會打布目纖維縫中吸引出一團團小小的毛球，不是布面，而是夾層裡的，唔，填充物。約莫是要助長俺們的氣燄，深恐俺們不曉事的行如松坐如鐘吧！有次午休時間，俺們好整以暇的蒐集每個人外套上的小毛球，挑一個趴在桌上熟睡的同學背後，排一個不管是用在發語詞或結尾都相當有力的一個單字，再用手機拍下存證，超屌的，那字筆畫不少，俺們把它排個斗大。不過沒多久這批外套就被回收啦。回到那一個早上，俺昂首闊步的直趨路的對過，一輛後來聽說是大夜下班歸心似箭的摩托車把俺當保齡球瓶般的撞倒，俺在路上翻了幾個滾，左小腿痛得撲通撲通鼓動得厲害，好像心臟換了位置。天佑俺輩，就左小腿受傷讓俺打石膏拄拐杖了事。俺哥理所當然任俺使喚，上三樓下三樓，是不好背，要不俺看那會省事多了。終於等到俺的左腳可以破繭而出，重新加入公車一族時，已經過了幾個月了。第一天步履輕盈的回歸公車站，俺哥亦步亦趨的跟著俺，好像俺才剛學會走路。他的公車在另一條路上咧，老不走開，等看俺上了公車，還對俺招招手才去等他的車，吼！看他娘成這樣，氣得俺在公車上眼淚都迸出來了。

（第五屆「城市之窗」文學獎高中組散文第一名）

評語

評　審

路寒袖：

文筆生動活潑，敘述流暢，人物刻畫極為成功，談笑揶揄之間充滿了兄弟的深情，結尾更是表現出喜劇笑中帶淚的上乘功力。

陳義芝：

瑣瑣細細的情節全扣緊「俺哥」與「俺」這對兄弟不同的個性與對待關係上。亂針刺繡的筆觸十分成功。不說兄弟情深，而自然呈現令人感動的深情。

吳鈞堯：

以嘲諷的語氣寫兄弟情，其實壓抑著對哥哥的強烈感情。嘲諷成為行為的偽裝，藏匿真正的感情，手法值得讚許。

世外「逃」源?

陳映廷

「你看，報紙說不考二基虧大了！」「就叫你再去考一次吧！」爸媽的嘮叨又發作了，這次，我再也忍不住「那你們去考！」吼完便把門大力關上。

「這不是我的房間……。」我回頭想再把門打開，門卻已消失在這片姹紫嫣紅中。映入眼簾的是各色的玫瑰花，紅得艷麗，紫得多情，白得剔透。我忘了一進門的疑惑和恐懼，陶醉在這片色彩的融合中，忘情地撫摸花瓣上的粉嫩，悉聽每朵花兒流露的真情。終於，我伸出了手，想擷下一朵玫瑰，像西施胭脂色臉蛋般動人的玫瑰。「啊！」那刺痛痛得我放手，望著還未摘下的玫瑰和傷口竄出的一滴血，怎樣抉擇似乎在我心中成了一道謎題，只有我自己才能解開的謎題。最後，我選擇忍痛摘下玫瑰，但奇怪的是──當我下定決心為玫瑰做一番努力時，玫瑰卻自己掉落在我的手中，而原本的傷口也奇蹟似的復原。這座花園對我再也沒有吸引力，因為我知曉：手中的這朵是最美的一朵，所以我離開了。

眼前的分岔路，一條平坦無阻，光明、亮麗；一條卻佈滿荊棘，黑暗、墮落。我當然是毫不猶豫地就往平坦的那條走去。「啊！」我被一層透明的防護罩阻擋了下來，「貢獻上你的玫瑰花，才能走這條路。」莫名的聲音幽幽地回盪來回盪去。

那聲音令我毛骨悚然，雖然不捨，但我只好放下玫瑰花，因為黑暗的世界就要擴散到這邊了。終於，我成功地踏上平安的旅途，但走著走著，竟然又遇到了一條分岔路！這回我可傷透腦筋了。

它們一條叫「未來」，一條叫「過去的未知」，兩條路幾乎長得一模一樣，我猶豫了半天，突然，那個聲音又出現了：「去了過去，還可通往未來；去了未來，就回不了過去。」「既然這樣，就先走『過去』那條吧！」我暗自下了決定，毅然決然走往「過去的未知」，也沒去在意那聲音到底是從哪傳來的。

踏進那條路後，眼前的空間居然變成了一座電影院，而放映中的影片的主角竟然是——我？

我看見自己在書堆裡奮鬥，表情愁苦，面容枯槁，就這樣日復一日。直到畫面中的我滿心期待地打開了一張紙，那是二基成績單！但上面的分數卻爛得令人難以置信！我痛哭失聲，接著，放映就結束了。「好險沒去考第二次！」我倒抽了一口氣。正疑惑為什麼會有這部影片時，我又從電影院回到了剛才的分岔路，只是「過去的未知」卻已被封印了。雖然想看更多過去的未知，我也只能乖乖地走那條剩下的路——「未來」。

踏進「未來」後，場景又馬上轉換，變成了沙灘和海。我脫了鞋，馬上奔向大海，那是我的最愛，只留下可憐的腳印在沙灘上，被酷熱的太陽曬黑。冰涼沁進心脾，我感覺自己體內的血液已被海水代替，感覺自己可以和大海融為一體。一段時間後，那波光讓我的眼睛越來越睜不開，也膩了自己玩水的孤單，我上岸躺在沙灘，享受陽光的沐浴，微風的吹拂。一個黑

影擋住了湛藍的光線，我馬上坐起，那是一位老人，他的眼睛明亮透徹，炯炯矍鑠，鼻子高挺，嘴巴被一大把白鬍子遮住，幾乎看不見，衣服潔白無瑕，連眉毛都是那種一塵不染的白。不理會我詫異的眼神，他說話了：「總該出發了吧，都休息那麼久了。」說完便自己走掉。好奇心強烈的我，馬上起身跟著他。

「是郵輪啊！」我高興地尖叫，我繼續說：「我長這麼大，還沒坐過船呢。」老人還是不理會我，他走上船，我也上了船。他信步走到駕駛室，接著就把船啟動了。「我們要去哪裡啊？」「一個不會讓你後悔的仙境。」我開始幻想老人口中的仙境，那一定是個碧水藍天的綠地，到處花兒盛開，蜜蜂採蜜、蝴蝶飛舞，完全沒有紛擾的世外桃源。「你去參觀一下整艘船吧。」老人的一句話硬生生把我的美夢打斷。我便在船上到處走動。在我淺陋的認知裡，它是艘郵輪，不過全長僅僅大約十公尺，奇怪的是，除了我和老翁，半個人也沒有。我就這樣在甲板上想了又想，還是想不出個所以然，「吃飯。」老人向我喊著。經老人這樣一喊，我才發現我好久都沒吃東西了，於是馬上進入室內。

看著滿桌的菜，有龍蝦沙拉、鮑魚粥、焗烤奶油義大利麵……，「哇，這麼豐盛啊！老伯，你剛煮的？」我驚呼。他不語，只是點了點頭。「這麼短的時間你可以弄出這樣的菜色，老伯你是神啊？」他笑了，連眼睛都笑弧了呢。「對了，老伯，你可以自我介紹嗎？我都還沒正式和你聊天過呢。」問完後我便開始大快朵頤，當然是先從我最愛的壽司開始。「你就叫我老伯吧，剩下的你不必多問。」嘴巴塞了塊大壽司的我

心想：「這老伯還真不友善。」「老伯我不是不友善，只是有些事知道了也無益處。」我驚訝他怎能看透我的心，決定以後還是不要亂想，免得都被他知道了。他大笑，似乎又被他知道了我在想些什麼。「好啦，吃完趕快去休息吧！你的房間在左道第三間。」說完便離開了。

這個房間跟我家一樣大，卻豪華得多。紫色窗簾裝飾著這空間，加上陽光穿透進來，使得這房間有著水紫色的光影，漂亮極了。我不累，但看到那張大床就飛撲了過去，那柔軟把我陷了下去，「真是舒服呀！」躺在大床上，我望著天花板不可思議豪華的水晶吊燈，「這種舒適的生活和沒有煩惱的日子能過多久啊……？」說著說著便睡著了，軟綿綿的被子確實有催眠作用。

「喂，小朋友，幹活啦！」我眼濛濛的看著老翁，他又繼續說：「再不起來的話，就沒飯吃啦。」我馬上清醒，坐起問道：「今天沒有大餐啦？」老翁知道我醒了後便離開，因為他知道我會跟過去。「拿去。」走到船頭後他拿了很多釣鉤和數條釣魚線給我，「我釣啊？我從來沒釣過魚。」「我只跟你講一個方法：專注。」我瞪著老人的背影，恨他不告訴我釣魚的方法，只告訴我一個我早已知道的道理。我開始把釣具胡亂組裝，試著拋下海裡，並拋了好幾組下去。此時我忽然明白了一個道理：那麼多組釣具，如果真有一組魚兒上鉤了，我也會手忙腳亂的。這時，我才懂得老人真的要告訴我的秘訣。

釣了一整天，始終沒有魚兒上鉤，但我不放棄。老人走過來拍拍我的肩膀，他的手心就像落日的顏色般溫暖，「孩子，別釣了，我知道你懂了。」這句話就像閃電打過我的腦袋，我

終於全懂了，從一開始的玫瑰花園到現在，都是啟示。「玫瑰花代表的是基測前的努力不懈；第一條分岔路是往上爬或往下跌的抉擇，要付出努力才能接近成功；『過去的未知』讓我懂得其實失敗也有大大的收穫，影片中父母的關愛、同學的鼓勵，到自身的成熟，也是成功的人體驗不到的；而『未來』那條路就是現在走的這條，它讓我了解，不管逃到哪個世界去，自身的責任依然在，躲躲藏藏是沒有用的，要認真面對自己的未來；而眼前的未來就是高中三年，必須靠專注、堅持，和勇敢面對的精神來經營。」老人笑了笑，摸了摸我的頭：「聰明的好孩子！」他又接著說：「那你知道接下來要做什麼嗎？」

果然被我料中，目的地到了，是一片荒蕪的小島，且雲霧繚繞，要看到什麼美景，是不太可能的，我和老伯下了船。「喏，拿去吧！」老伯變出了一個澆水壺，我接了過來，並馬上知道他的用意。我投注我所有的愛和熱情，把壺內的水澆在這片了無生機的土地上，花兒馬上從岩石堆裡蹦跳而出，小島瞬間變成了仙境，和我想像中一樣的仙境，甚至更美麗。「我要送你一件禮物。」老伯看著我。「不用了，這趟旅程是最好的禮物了。」我們兩個都笑了，彷彿他能懂我的心，我也能參透他的心似的。

盛放的花朵飄散柔軟而濃郁的香氣，我站在這片繁花前，專注灌注我的生命，源源不絕。老人去了哪裡，老人是誰已經不再重要，此刻我的心裡明明白白這一路下來的種種啟示，都是生命的旨意。

再次抬眼，爸媽已站在我眼前。「女兒，對不起，我們不應該指責妳不去考二基。」我這才發覺我已經回到我溫暖的

家，回到我所存在的真實世界。我擁著爸爸和媽媽，竟聞見他們身上似乎有著熟悉的、軟郁的花兒的清香，是不是他們也到過了那兒？他們也遇見老人了嗎？

世外桃源，也許其實是世外「逃」源，那是一個給我智慧和勇氣的地方，那是一個可以讓人暫且逃離的地方，卻也讓人真切的明白，生命終究不該逃避的地方。

（第五屆「城市之窗」文學獎高中組佳作）

評語　　　　張春榮

這是寓言體的寫法，藉由「懸想的示現」，穿越時空，重走一回，走出個人的新體會，走出生命密碼的啟示。

過去是 history，未來是 mystery，現在才是禮物（gift）。本篇發揮「雙關」，點出年輕心靈的感悟，相當不容易。

教學類 K102

語文教學新智能

作　　者	陳麗雲
責任編輯	吳家嘉

發 行 人	陳滿銘
總 經 理	梁錦興
總 編 輯	陳滿銘
副總編輯	張晏瑞
編 輯 所	萬卷樓圖書(股)公司
排　　版	浩瀚電腦排版(股)公司
印　　刷	百通科技(股)公司
封面設計	耶麗米工作室

發　　行　萬卷樓圖書(股)公司
臺北市羅斯福路二段 41 號 6 樓之 3
電話　(02)23216565
傳真　(02)23218698
電郵　SERVICE@WANJUAN.COM.TW
大陸經銷
廈門外圖臺灣書店有限公司
電郵　JKB188@188.COM
香港經銷
香港聯合書刊物流有限公司
電話　(852)21502100
傳真　(852)23560735

ISBN 978-957-739-649-5
2016 年 8 月初版二刷
2009 年 3 月初版一刷
定價：新臺幣 300 元

如何購買本書：
1. 劃撥購書，請透過以下帳號
　　帳號：15624015
　　戶名：萬卷樓圖書股份有限公司
2. 轉帳購書，請透過以下帳戶
　　合作金庫銀行　古亭分行
　　戶名：萬卷樓圖書股份有限公司
　　帳號：0877717092596
3. 網路購書，請透過萬卷樓網站
　　網址　WWW.WANJUAN.COM.TW
大量購書，請直接聯繫，將有專人
為您服務。(02)23216565　分機 10

如有缺頁、破損或裝訂錯誤，請寄
回更換

版權所有·翻印必究
Copyright©2014 by WanJuanLou Books
CO., Ltd. All Right Reserved
Printed in Taiwan

國家圖書館出版品預行編目資料

語文教學新智能 / 陳麗雲著.
　-- 初版. -- 臺北市：萬卷樓, 2009.03
　　面；　公分
ISBN 978-957-739-649-5(平裝)

1.漢語教學　2.作文　3.寫作法　4.小學教學

523.313　　　　　　　　　98003127